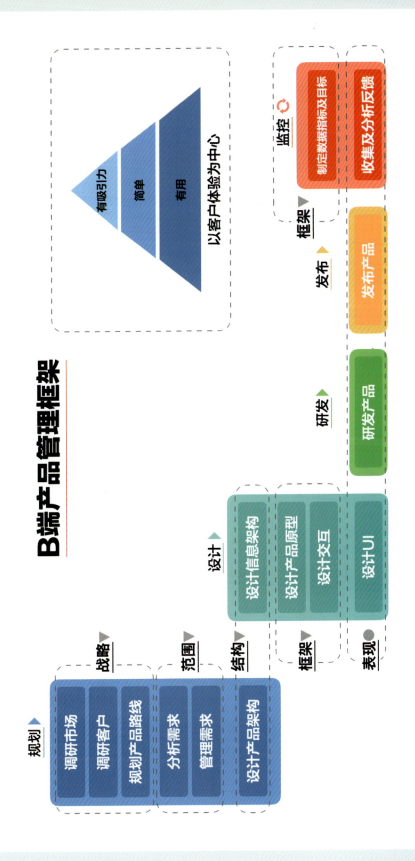

B端产品管理框架

以客户体验为中心

- 有吸引力
- 简单
- 有用

规划▲
- 调研市场
- 调研客户
- 规划产品路线

战略▶

范围▶
- 分析需求
- 管理需求

结构▶
- 设计产品架构

设计▲
- 设计信息架构

框架▶
- 设计产品原型
- 设计交互

表现●
- 设计UI

研发▲
- 研发产品

发布▲
- 发布产品

框架▶

监控
- 制定数据指标及目标
- 收集及分析反馈

B端产品经理必修课 2.0
从业务逻辑到产品构建全攻略

李宽◎著

电子工业出版社
Publishing House of Electronics Industry
北京·BEIJING

内 容 简 介

本书主要讲述了"B 端产品管理框架"，以展示 B 端产品经理的工作方法及 B 端产品的设计方法。本书分为两部分：第一部分主要讲述了什么是 B 端产品、B 端产品经理是谁、B 端产品经理的职业生涯、B 端产品管理，以及在设计 B 端产品时需要了解的指导思想；第二部分讲述 B 端产品管理流程的框架，向读者介绍 B 端产品经理的主要工作。本书面向的读者是初入职场的产品经理新人、有 3～5 年工作经验的 B 端或 C 端产品经理，以及想转行成为产品经理的研发人员。希望本书对各位读者有所帮助。

图书在版编目（CIP）数据

B 端产品经理必修课 2.0：从业务逻辑到产品构建全攻略 / 李宽著. —北京：电子工业出版社，2020.10

ISBN 978-7-121-39429-4

Ⅰ. ①B⋯ Ⅱ. ①李⋯ Ⅲ. ①企业管理－产品管理 Ⅳ. ①F273.2

中国版本图书馆 CIP 数据核字（2020）第 154950 号

责任编辑：林瑞和　　　　　特约编辑：田学清
印　　刷：三河市鑫金马印装有限公司
装　　订：三河市鑫金马印装有限公司
出版发行：电子工业出版社
　　　　　北京市海淀区万寿路 173 信箱　　　邮编：100036
开　　本：720×1000　　1/16　　印张：16.75　　字数：308.8 千字　　彩插：1
版　　次：2020 年 10 月第 1 版
印　　次：2021 年 3 月第 3 次印刷
定　　价：69.00 元

凡所购买电子工业出版社图书有缺损问题，请向购买书店调换。若书店售缺，请与本社发行部联系，联系及邮购电话：(010) 88254888，88258888。

质量投诉请发邮件至 zlts@phei.com.cn，盗版侵权举报请发邮件至 dbqq@phei.com.cn。

本书咨询联系方式：010-51260888-819，faq@phei.com.cn。

推荐语

李宽兄是 B 端产品经理培养的探路者，如今他把《B 端产品经理必修课：从业务逻辑到产品构建全攻略》升级到了 2.0 版本，将软件工程、用户体验和客户体验的知识进行结合，提出了全新的 B 端产品管理的框架，帮助大家从产品管理的角度思考产品知识和技能，推荐大家继续"追剧"。

——苏杰　良仓孵化器创始合伙人、《人人都是产品经理》作者

很多产品经理都想转型成为 B 端产品经理。想要做好 B 端产品经理，除了要具备通用的产品经理专业能力，还要具备行业理解力、业务理解力。相信李宽的《B 端产品经理必修课 2.0：从业务逻辑到产品构建全攻略》能够对打算成为 B 端产品经理的读者有所帮助。

——老曹　人人都是产品经理&起点学院 创始人&CEO

种种迹象表明，提升产业能力的 B 端产品将在下一波互联网浪潮中迎来新机遇。李宽的书让我了解了 B 端产品经理是如何炼成的，也让我看到了产品经理世界的"山山水水"。

——吴昊　SaaS 白夜行主笔、SaaS 创业顾问、《SaaS 创业路线图：to B 产品、
营销、运营方法及实践案例解读》作者

探讨 B 端产品经理是一个复杂的课题。B 端的范围很广；B 端的用户多种多样，有面向组织的、面向商家的、面向个人的；解决的问题五花八门，有解决业务问题的、关心用户体验的，也有提升组织效率的。能把 B 端的问题讲清楚并不容易，李宽提供了他对 B 端产品的洞察和理解，是阶段性的总结和梳理。如果你也关心 B 端产品，那

么阅读本书想必会有所启发。

——刘飞　滴滴前司机产品负责人、《产品思维：从新手到资深产品人》作者

互联网产品和技术作为基础设施正在向所有行业渗透，尤其是面向 B 端的企业市场呈爆发趋势，随之而来的是对 B 端产品经理的需求量提升。如果你对 B 端产品感兴趣且需要一套完整的知识结构，那就请阅读李宽老师的这本书。

——唐韧　《产品经理必懂的技术那点事儿》作者、公众号"唐韧"主理人

非常开心看到李宽哥的《B 端产品经理必修课：从业务逻辑到产品构建全攻略》升级到 2.0 版本。本书非常注重实战案例的总结和理论框架沉淀，是难得的 B 端产品类书籍，推荐给奋战在 B 端的产品经理和设计师们阅读。如果你是一个初入 B 端的产品小白，那么这本书将会帮助你快速、系统地掌握 B 端产品经理的工作体系和方法。

——蒋颢　用友网络用户体验部总经理、德国凯泽斯劳滕工业大学人机交互方向博士

随着"SaaS""中台"等领域话题被热议，B 端产品经理这个岗位也越来越被各公司重视。那么，如何才能成为一个优秀的 B 端产品经理呢？李宽老师的《B 端产品经理必修课 2.0：从业务逻辑到产品构建全攻略》一书给出了全部答案。一个好的 B 端产品经理，除了要具备丰富的实战经验，还要有系统化的方法论和业务架构能力。产品经理要具备这些能力，需要长期的总结和积累。本书将李宽老师的实战经验转化为系统知识，所以无论是产品经理还是创业者，抑或是相关领域从业者，都能从本书中收获很多干货。

——程亮　《电商产品经理兵法：基于 SaaS 的电商系统设计与实践》作者

《B 端产品经理必修课 2.0：从业务逻辑到产品构建全攻略》是李宽老师对早期作品的升级，也是李宽老师结合多年产品经验的又一力作。本书不仅概括了 B 端产品的管理与实施框架，还对 B 端产品经理自我修养方面提出了新的要求。在本书中，李宽老师用深入浅出的语言，从多个角度阐述了 B 端产品的构建本质逻辑，无论是产品新人还是有多年经验的产品经理都可以阅读本书。

——高飞　《手把手构建人工智能产品：产品经理的 AI 实操手册》作者

　　李宽老师的《B端产品经理必修课：从业务逻辑到产品构建全攻略》是国内较早讲述B端产品设计的专业书籍，填补了国内此类书籍的空白，具有首开先河之功。在这本书发行之初，我便兴致勃勃地买来阅读，从中收获了很多有价值的见解和知识。时隔两年，李宽老师带来了这本书的2.0版本，书中进一步结合软件工程、需求工程等专业理论，将复杂的B端产品设计娓娓道来，讲述B端人自己的故事。如果你是相关从业者，那么一定不要错过这本升级后的新书！

——杨堃　《决胜B端：产品经理升级之路》作者

　　面对产业数字化转型升级的今天，企业和政府需要实现核心业务的在线化和智能化，而B端产品经理设计和管理的水平在这个过程中发挥着举足轻重的作用。在本书中，作者将B端产品管理的规划、设计、研发、发布、监控过程创造性地融入了互联网C端产品的设计规划思路，帮助读者有效地建立B端产品经理的知识体系，所以本书值得一读。

——张竞宇　《人工智能产品经理：AI时代PM修炼手册》作者

　　B端产品逻辑复杂，各系统间多线程交互，十分考验产品经理的系统性思维和逻辑思考能力。在网络上有太多难懂的B端文章，让初入者望而却步。本书作者以用户为中心，通过精练的语言，将B端产品的知识进行系统的梳理和总结。朴实的文字透露出作者的专业性，本书值得各个阶段的产品经理品读。

——王伟　《电商产品经理：基于人、货、场、内容的产品设计攻略》作者、
公众号"产品毒思维"主理人

　　在C端产品体验趋同的现状下，运营效率就是企业竞争的抓手，B端产品对于企业运营效率的提升尤为重要。拥有体系化思维的B端产品经理，根据业务需求提出解决方案，会受市场追捧。李宽的这本书从B端产品的管理框架到产品经理的成长路径，为B端产品经理的成长提供了理论指导，相信可以给读者提供实际的帮助。

——刘志远　《电商产品经理宝典：电商后台系统产品逻辑全解析》作者

原 版 前 言

亲爱的读者，感谢你打开这本书，接下来我将为你介绍一下这本书。

- 意外开始的写书之旅

我是一个喜欢看书的产品经理，并且涉猎历史、哲学、科学、经管、互联网、技术等多个领域的书籍。书看得多了，自然就会萌生写书的想法。我把写书定为一个长期的目标，用了 5 年左右的时间进行规划。

"不积跬步，无以至千里"，我以 wideplum 为笔名，从 2017 年开始坚持每周写一篇公众号文章，并分享在 PMcaff 和 "人人都是产品经理" 等行业网站上。我希望能用这种方式，慢慢积累素材，提高自己的写作能力。

2017 年，我发表了万字长文《手把手教你做需求管理》，阅读量累计过万次。随着文章阅读量的增加，很多读者加我微信，没想到其中一位微信好友使我开启了写作之路。

2017 年 7 月 19 日，电子工业出版社的图书策划编辑董雪通过我的笔名找到了我的微信号，她说明来意：看见了我的文章，咨询我是否有出书意向。我立刻答应了，没想到出书的梦想竟然会这么快实现。历经了提交样章、申报选题、签订合同等环节之后，2017 年 8 月，我正式开始了写作。

- 冰箱贴计划

为了给自己的写作计划增加仪式感，我给它起名为 "冰箱贴计划"。名字来自一个下午，我坐在客厅的沙发上，决定以我看到的一个物品来命名我的写作计划，结果我第一眼就看到了冰箱贴。

写作不同于学习，因为我们即使在学习中遇到困难，也会在网上或其他书中找到答案，而写作则完全需要靠自己想出思路和文案。

就选题来说，我作为 B 端产品经理的一员，在从事 B 端产品的相关工作时，发现只有零碎的文章介绍 B 端产品和 B 端产品经理，而没有专门的指导书籍能够系统地对其进行介绍。于是，我就尝试填补这项空白。

B 端产品经理的知识没有成型的理论和体系，于是我就查阅大量现有的互联网知识、经管类书籍、软件工程类书籍，以及学术论文。为了弄清楚一个经管的概念，我曾从麻省理工学院下载了一篇 1981 年发表的英语论文 *A Primer on Critical Success Factors*。在查阅资料的过程中，我体会到发现知识本源的重要性，只有了解了知识本源，才能知道知识的核心要义。

我基本上都是在早晨、夜晚及周末进行写作的。从 2017 年 8 月开始一直到 2018 年 1 月完成初稿，我付出了许多辛苦和汗水，不过总算坚持下来了。

● 阅读指南

本书一共分为三部分。

第一部分是"To B or not to B，这不是问题"，这部分主要讲述了什么是 B 端产品、什么是 B 端产品经理、B 端产品经理的工作流程（即单个产品管理流程），以及 B 端产品经理的职业现状和规划，还有在设计 B 端产品时需要了解的思想。读者通过阅读这部分内容，可以从宏观角度了解 B 端产品经理。

第二部分是"单个产品管理流程"，这部分讲述了单个产品管理流程的框架，向读者介绍了 B 端产品经理的工作。读者通过阅读这部分内容，可以从软件工程和用户体验的角度来理解 B 端产品经理的工作。

第三部分是"产品经理的自我管理"，读者通过阅读这部分内容，可以获取笔者在产品经理工作中的经验，希望这些经验能够帮助到各位读者。

本书的核心部分是第二部分"单个产品管理流程"，也就是书中经常出现的"5×5"方格。笔者在这部分会运用大量的图表向读者介绍 B 端产品经理的工作方法，为了便于读者理解和回顾，在每一章的最后都有对本章内容的总结和提示。

希望以上内容能给读者提供帮助。

● 清河边上的漫步

我目前就职于小米公司信息部的仓储物流组。小米公司的办公地坐落在北五环的清河边上。在每个工作日的午后，我和研发部的同事们都会在清河边上散步。在散步的过程中，我们经常会天马行空地畅谈。当我们聊到产品和设计时，会在无拘无束的畅谈中总结自己对产品的看法和观点。

后来，同事们开玩笑说："以后你就把你的思想称为'普拉姆思想'吧。"这个名字来自我的英文笔名 wideplum 中的 plum。于是，我就把清河漫步中的"普拉姆思想"延伸到了我的朋友圈。我经常把对产品的思考和观点，以"普拉姆原则"为署名发布出来。这样，我能了解身边的朋友们对这些观点的认可度。当然，这些"普拉姆原则"的产品观点，大部分都融合在这本书中了。

我希望通过自己的思考和总结，为中国产品经理职业发展提供理论和实践的支持，希望这本书能够帮助到各位读者。

最后，我要感谢在写书过程中一直支持我的爱人——侯峥（May），还要感谢王海洲、张涛、杨轲等小米领导，以及张锦、韩亚、叶金涛、王晓宇、曹宏亮、满金欣、彭伟财、熊肖翔、谢勇、程晨、谢心斌、王文鹏等小米同事对本书的支持。

除此之外，我还要感谢杨宁、沈陶、姚一鸣、孟广博、张娟、焦健、李渊深对本书的支持，感谢电子工业出版社的图书策划编辑董雪对本书出版付出的辛苦和努力。

李宽

2018 年 1 月

前 言 2.0

亲爱的读者，当你看到这里时，我已经结束了小米的职业生涯，并且你即将开启《B 端产品经理必修课 2.0：从业务逻辑到产品构建全攻略》的阅读之旅。

- **一个无技术背景的 B 端产品经理**

偶然的机会让我成为 B 端产品经理，也是偶然的机会让我写了《B 端产品经理必修课：从业务逻辑到产品构建全攻略》这本书。我在筹划和写作这本书时，行业内还没有专门讲述 B 端产品经理的图书，甚至连它的叫法都不明确。

在写书的时候，我也做好了挨骂的准备。当然，我的初心是能够让更多的人关注到 B 端产品和 B 端产品经理，让更多的 B 端作者涌现出来，从而让更多的 B 端图书面世，以丰富这个领域的知识。我向图书策划编辑推荐了很多想要写书的 B 端领域作者，因此我还成了出版社小有名气的作者。最近，我也了解到很多 B 端领域的图书都在筹划出版中。

另外，我国互联网行业内流行的一些产品理论知识，大部分来自国外。我希望能够形成属于我国的产品经理理论知识体系，从而帮助我国产品经理走出自己特有的发展道路。

因此，我做好了各方面的准备，"战战兢兢"地写完了这本书。幸运的是，这本书无意间踩中了"产业互联网""To B"大潮的兴起，因此《B 端产品经理必修课：从业务逻辑到产品构建全攻略》也就无意间成了 B 端产品领域的开山之作。

我作为先行开路的作者，要充分认识到自身知识的局限性，也要坦然面对读者的批评。因此，我打起精神、认真反思、不忘初心，开始了《B 端产品经理必修课 2.0：从业务逻辑到产品构建全攻略》（以下简称《2.0》）的写作。

在《2.0》的写作中，我还是会延续之前的写法：把复杂的事情说得简单，只讲知识体系中重要的 20%的知识，让读者在轻松愉悦的阅读中理解和掌握。

我作为一名学习工业设计出身的产品经理，在没有技术背景的情况下就投身到 B 端产品经理的工作中，确实有一些劣势。我在书中用三句话形容产品经理对技术的认知：

> *看山是山，看水是水。*
>
> *看山不是山，看水不是水。*
>
> *看山还是山，看水还是水。*

因为这几句话，我被读者批评了。我曾一度怀疑自己是不是对技术有误解，发表了错误的言论。我甚至想过是不是应该报培训班，学习一下编程。好在上大学时，我学过 C 语言，也了解一些 Java 的知识，我预感这个问题的答案不在于学习编程。于是，在翻阅了一两千页软件开发图书的基础上，我终于在重新阅读《大象——Thinking in UML》这本书时，彻底明白了我说的那三句话没错。产品经理并不是必须要懂技术，懂技术也只是锦上添花，因为产品经理的核心价值并不在于懂技术，而在于对需求、战略、架构等层面的思考。从另一个角度来说，我们把懂技术的产品经理称为架构师更为准确，而产品经理并不是必然要成为架构师。关于这一点，我会在正文中详细阐述。

2006 年，我进入河北农业大学现代科技学院学习工业设计。通过考研，我进入北京理工大学成为工业设计的硕士。之后，我有幸进入互联网行业，成为一名产品经理，并为这个行业贡献了一本书。我从一名本科生成为一名研究生，然后又成为产品经理和作者，一路走来，感慨万千。我要感谢帮助过我的人，也珍惜眼前的一切。只有不断地努力奋斗，才能不负韶华。

以上是我写完《B 端产品经理必修课：从业务逻辑到产品构建全攻略》的心路历程。接下来，我为大家介绍一下《2.0》的升级之处。

● **2.0 —— 新的开始**

写书是一个自我剖析和自我交流的过程，也是一个不断正视自己优点和缺点的过程。在反思前一版图书不足之处的基础上，我在以下几个方面进行了优化。

1. 明确 B 端产品管理框架

前一版图书的核心框架是"单个产品管理流程"。经过思考，我将这个名字升级为"B 端产品管理框架"。

产品管理（Product Management）是一个非常重要的思考产品的框架。产品经理使用产品管理的框架来思考产品，可以避免陷入仅思考交互、界面等产品工作的某一环节中，应从全局思考整个产品。

因此，使用"B端产品管理框架"这个名字，是为了进一步明确和强化产品管理的知识对于B端产品经理的重要性。

2. 增加产品架构的知识

在《2.0》中，我补充了产品架构的相关知识。每当我们提到"架构"这个词时，就仿佛戴上了一个"高端、大气、上档次"的光环。如果我们将"架构"和其他名词组合，就特别能提高这个名词的重要程度，如组织架构、产品架构、软件架构等。

在《2.0》中，我将着重介绍产品架构的知识和应用，特别是它和软件架构的区别。读者通过了解产品架构的知识，可以进一步理解产品经理的能力边界，以及产品经理与IT架构师之间的区别。

3. B端产品更加关注客户体验

B端产品长期被认为用户体验不好，只注重流程能不能跑通，而不注重使用界面的"颜值"。其实，这里有一个重要的问题，那就是C端产品关注的是用户体验（User Experience），而B端产品关注的是客户体验（Customer Experience）。客户体验与用户体验关注的维度不同，客户体验会从更多的层面关注产品，如情绪、战略、品牌等。

当然，我们要明确的是C端产品并不是不关注客户体验，而B端产品也不是不关注用户体验。在B端产品和C端产品中，用户（User）和客户（Customer）的不同导致了B端产品和C端产品在对体验的关注上会各有侧重。读者可以在本书正文中查阅到客户体验的具体内容。

4. 增加案例和实践

前一版图书被读者批评最多的就是缺少实践案例，因此在《2.0》中会增加更多的实践案例，便于读者更好地理解书中的内容。

当然，撰写通识类的图书最重要的就是要做到详略得当，不能过于细致而让读者抓不住重点，也不能泛泛而谈让读者觉得过于简单。本书还会延续前一版的风格，重点讲述20%的核心内容，剩下80%的内容给出学习框架，让读者进行补充学习。

同时，关于 20%的核心内容，本书会讲清楚为什么，而不是简单地说明是什么。比如，任何一本提到 B 端产品需求的图书都会讲到 UML（统一建模语言）的知识，会涉及流程图、时序图、用例图等图形的用法，然而只讲述它是什么是远远不够的。从历史上看，UML 的产生是为了满足软件工程师分析需求、软件架构和方便编程的需要。换句话说，UML 是为程序员服务的，只是其中某些工具可以被 B 端产品经理用来分析需求。因此，UML 中的工具并不都需要产品经理掌握。

5. 使用中文和英文标识关键词汇

本书罗列出了关键词汇的英文，这么做是为了便于读者查阅英文资料。在英语世界里也存在大量的关于产品经理的知识和理论，通过对英文资料的学习，读者可以了解国际同行的所思所想，更好地理解知识。

以上就是我在《2.0》这本书中主要修改的内容，很多优化的细节受篇幅限制，就不在此一一罗列了。

- 干 B 端，找李宽

"干 B 端，找李宽"是我个人建立的一个品牌口号，希望这个口号能够督促自己在探索 B 端产品的道路上不断努力，也希望这个口号能让大家记住我。

探索 B 端产品的道路漫长而曲折，我希望能够通过自己的努力，为各位读者开辟一条便捷、简单的学习之路。

最后，我要感谢一直支持我的爱人——侯峰（May），感谢张锦、韩亚、王晓宇、傅帅、郑舒匀、董雪等朋友为我提供帮助。除此之外，我还要感谢电子工业出版社的图书策划编辑林瑞和对本书的帮助。

感谢鲍汐莹对书籍封面设计提供的帮助。

我的邮箱是 wideplum@163.com，我的微信公众号是李宽 wideplum，欢迎各位读者向我提出宝贵的建议和意见，或者同我交流与产品经理有关的话题。

李宽

2020 年 3 月

自序

To be or not to be, that is the question.（生存还是毁灭，这是个问题。）

——莎士比亚《哈姆雷特》

做不做 B 端产品经理，可能还真是一个关乎"生存"或"毁灭"的问题。

也许你是正处在毕业校招季的大学生，带着自己的梦想，满腔热血地投入互联网大潮中，在面对前端、后台、B 端、C 端产品职位时，无论选择哪一个职位都让你感到茫然。

也许你已经做了 1~3 年的前端产品经理，每天从事判断按钮颜色或交互体验的工作。随着年龄的增长，你开始怀疑这个工作是否在吃"青春饭"，犹豫是否要转做后台或 B 端产品。

也许你已经从事了 B 端产品经理的工作，每天都要面对焦头烂额的业务逻辑、需求和永远跟不完的项目，同时很难找到 B 端产品做竞品分析，或者从事这份工作时间久了感到厌倦或缺乏激情。此时的你也许正探索着如何提高自己的职业竞争力。

如果你正面临上述问题，那么请把这本书读下去，也许这本书中讲述的内容会对你有所帮助。

请你坚信，在产品经理职业生涯中，无论你做出何种抉择，后果都不像你想象中那么严重。

每个人都在不断地前进和成长，不要用现在的境遇去推算未来。当你思考问题时，其实就已经在为解决问题而聚焦方向了。

请你坚信，你所选择的产品经理这个职业，也许是世界上最有趣的职业之一。

目 录

第一部分

To B or not to B，这不是问题

成为乔布斯、张小龙这样的"产品大神"，也许是每一个产品经理的梦想，然而成为他们的机会微乎其微。那么，大部分产品经理的职业生涯将会如何？

答案是，大部分产品经理的成功就是成为某个领域的产品专家，而做 B 端产品经理获得成功的概率极高。

第 1 章

点亮：了解 B 端产品经理

成功的产品必须合并内部和外部成分的所有不同的层面，协调地支持所有可见和隐藏的服务和操作。产品存在于一个复杂的交互网络中。

——唐纳德·A.诺曼《设计心理学 2——如何管理复杂》

1.1　什么是 B 端产品

1.1.1　B 端产品焕发新生

2018 年至今，互联网的各个"大厂"动作频繁。腾讯吹响了进军"产业互联网"的号角；阿里调整组织架构，将阿里云事业群升级为阿里云智能事业群，进一步提高了阿里云在行业内的竞争力；百度向客户关系管理领域进军，推出了客户关系管理（Customer Relationship Management，CRM）开放平台为商户赋能。

这三个公司的各种动作给行业带来了新的热点词汇：产业互联网、云计算、SaaS 等，对于产品经理来说，这些热点词汇都指向了 B 端产品。

B 端产品并不是随热点而产生的新词汇，它在软件编程出现的那一刻起就存在了，只不过人们把它等同于传统的软件行业。随着 20 世纪末互联网大潮的兴起，特别是云计算、SaaS 等技术的应用，让 B 端产品插上了轻盈的翅膀，在互联网各个领域顺势飞翔。如今，热点让越来越多的互联网从业者开始关注 B 端产品。

从产品经理的角度来看，B 端产品是一个区别于 C 端产品的全新领域，产品经理了解和进入 B 端领域，能够更好地规划自己的职业生涯。

那么，B 端产品究竟是什么呢？这是我们开启 B 端产品之旅的首要问题。

为什么说 B 端产品很早就出现了呢？

高标是一名刚进入 B 端领域不久的产品经理，对产品经理这个职业非常有热情，然而 B 端领域的学习资源太少。于是，他就经常请教入行早的产品经理——回川。

高标：回川，为什么说 B 端产品很早就出现了呢？

回川：B 端产品背后是软件发展的历史，它伴随着计算机和软件产业的发展。特别是 2000 年，互联网的发展让软件行业焕发新生。于是，B 端产品就逐渐形成了自己的特色。

回川：通过形成和发展的历史过程去了解一个新事物是一个非常不错的思路，这样你就可以理清楚它的发展脉络。就像做竞品分析一样，你不仅要分析竞品现在是什么样子的，还要分析它是如何一步步发展过来的。这样，你就可以明白竞品的哪些内容可以借鉴，而哪些内容可以舍弃。

高标：我明白了，必须要厘清一个新事物的发展脉络，只有这样才能弄清楚它涉及的知识领域和发展趋势。

回川：是的。

1.1.2 B 端产品的定义

在 B 端中，B 代表 Business，即商业。因此，B 端产品要符合商业组织或企业的战略要求，能够满足商业用户的需求，将已有商业运行逻辑进行系统化、信息化、高效化的处理。典型的 B 端产品有呼叫中心和客户支持（Call Center and Customer Support）、CRM、企业资源规划（Enterprise Resource Planning，ERP）、商业智能（Business Intelligence）、人力资源管理（Human Resource Management）。

简单来说就是，B 端产品让企业更舒服、更快捷地运转，从而向消费者收费并提供服务。

B 端产品大体可以分为以下几类，如图 1-1 所示。

图 1-1 B 端产品的分类

♬ 协作办公，如企业内部的 Wiki、共享文档等。

♬ 即时通信，如钉钉、企业微信、邮件系统等。

♬ 企业管理，如 HR 系统、财务系统、供应链系统等。

♫　销售运营，如 CRM、客服系统等。

可以说，B 端产品的产生基于商业逻辑和运营，B 端产品从产生的那一刻开始就注定与商业有脱不开的关系。

回顾一下我们在京东、淘宝下单的经历。

请大家先跳过首页、搜索等 C 端产品的范围，直接定格在商品详情页。只有在库存充足时，我们才能下单。商品详情页的背后有一个库存系统提供信息，只有在有库存时，我们才能把商品加入购物车，支付成功以后生成订单。这时，我们已经在关注订单详情页了，接下来就希望快点收到商品。

此时，订单详情页展示的信息由用户看不见的系统提供，订单系统将订单发送给仓库，仓库的工作人员使用仓库生产系统生产订单中的商品，运输人员使用运输系统监控商品是否顺利送到用户手上。上述从下单到收货的复杂过程，在前端展示给用户的只是简单的一条条从下订单到送达的信息。

前面提到的库存系统、订单系统、仓库生产系统、运输系统都是 B 端产品在服务企业的商业运营。

B 端产品一般来自企业内部的 IT 部门，说得通俗点其就是企业内部设计研发属于自己的企业软件。B 端产品有时也来自应用服务提供商（Application Service Provider，ASP），即我们通常理解的外部采购的软件。应用服务提供商一般深耕在某个企业的管理和运营领域，向企业销售商业软件和解决方案，我们熟知的 ASP 就是应用服务提供商。企业从 ASP 那里采购了 B 端产品之后，ASP 要负责在企业内部实施落地、管理、维护等服务。随着云计算的兴起，很多 ASP 升级为我们熟知的 SaaS 模式（Software-as-a-Service，软件即服务），采用多租户形式（Multi-tenant Architecture），企业仅需要 Web 浏览器，这样可以降低企业采购和维护 B 端产品的成本。例如，CRM 领域的 Salesforce 采用 SaaS 模式，成长为一家上市的巨头公司。

如何进一步理解 B 端产品呢？

高标：回川，B 端产品涉及 ERP、SaaS 等概念。虽然这些概念我都能理解，但是我还想深入了解它们的关系。我应该怎么做呢？

回川：你这个问题问得非常好。如果想进一步了解 B 端产品的深层逻辑，那么你可以检索一下"IT 治理"（IT Governance）的相关知识。

高标：你就直接告诉我吧！

回川：我们是面向产品经理来介绍实用知识的，而"IT 治理"的知识更多的是面向企业的首席信息官（CIO）、首席技术官（CTO）的，会涉及企业战略、技术管理等知识。对于大部分产品经理来说，特别是非技术出身的 B 端产品经理来说，找一些书翻阅一下就好，毕竟 B 端产品经理并不是一定要成为 CTO、CIO。

高标：好的，我这就去查一查相关的书籍。

1.1.3　B 端产品与 C 端产品的区别

C 端产品是直接面向消费者（Consumer）使用的，如微信、微博之类的产品。我们熟悉的这些 C 端产品，基本上都是拥有千万个用户的。

B 端产品和 C 端产品最大的相同点是要为使用者提供价值，只不过 C 端产品是直面用户的，而 B 端产品则要复杂一些。比如，如果要给用户更快地送货，就需要订单系统、仓库生产系统、运输系统等多个 B 端系统共同协作。

B 端产品和 C 端产品的不同，主要体现在以下几个方面。

1．产品的提供者不同

B 端产品可以由企业内部的团队来开发，如 ERP（Enterprise Resource Planning，企业资源规划）、SRM（Supplier Relationship Management，供应商关系管理）；也可以向市场采购，由应用服务提供商提供相关的软件，如 SaaS 模式、菜鸟的开放物流平台。

C 端产品的提供者来自市场上的软件和互联网公司，用户都是通过应用市场或直接登录网页来获取产品和服务的，如微信、微博等产品。

2．产品体现的价值不同

B 端产品的使用者是各种类型的企业，企业购买 B 端产品的目的是在企业的管理、营销等方面提高效率和效益、降低成本。比如，电商企业实施一套仓储管理系统（Warehouse Management System，WMS）是为了提高库存管理效率和发货成本，降低仓库作业成本。

C 端产品的使用者是消费者。C 端产品体现的价值多种多样，如提高工作效率、提升生活品质等。

3．决定是否使用产品的对象不同

决定是否使用 C 端产品的就是 C 端产品的用户本身。比如，回川要购买某个视频 App 的 VIP 服务，进行了一番比较和挑选之后，就花钱购买了。于是，他就立刻可以看到 VIP 视频了。所以说，C 端产品的用户决定了是否使用这个产品。

决定是否使用 B 端产品的对象比较特殊，在一家公司决定是否使用某个 B 端产品的人和最终使用产品的人是不一样的。以电商公司为例，电商公司要购买一套 WMS 系统来管理仓库，决定购买系统的人可能是这家电商公司的首席执行官（CEO）、首席财务官（CFO）等，他们会从公司管理、技术架构、采购成本等角度进行评估，决定是否使用这套系统。做出决定之后，这家电商公司真正使用这套系统的人是在一线库房生产的仓库工作人员和管理人员。因此，B 端产品的决策者和使用者是分离的。

我们用概括性的词汇——用户（User）和客户（Customer），再来解释一下。用户是我们再熟悉不过的词汇了，如用户体验（User Experience）。顾名思义，用户就是使用产品的人；而客户是为产品付费的人，也就是购买产品的人。因此，B 端产品的用户和客户往往是分离的，而 C 端产品的用户和客户往往是一致的。

4．产品的收入方式不同

大部分 B 端产品和 C 端产品的目的都是赚钱。当然，也有一些开源软件（Open Source Software）本着极客的精神，免费提供给大家。因此，大部分 B 端产品和 C 端产品都希望被更多的客户购买，带来更多的收入。

这里需要说明的是，软件的收入方式都是通用的，如图 1-2 所示。

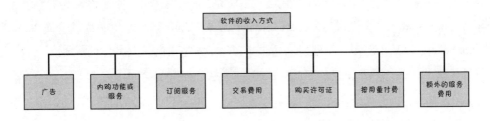

图 1-2　软件的收入方式

并不是说，哪种收入方式一定只能由 B 端产品或 C 端产品使用，B 端产品和 C 端产品应该根据自己的特色来选择。下面为大家介绍一下 B 端产品和 C 端产品常见的收入方式。

B 端产品面向的是企业或商业领域内特定范围的客户，相对于 C 端产品来说体量较少。B 端产品的收入有的来自客户的直接付费，如公司购买软件许可证（License）获得一款软件的使用权；或者根据服务和资源的使用量付费，如云计算提供的各种服务。提供 B 端产品的公司还可以提供相关领域的咨询、维护等服务，来收取额外的服务费用。

C 端产品是面向大众用户的，也就是说谁都可以用，如微信、微博、抖音等产品。C 端用户数量庞大，比较常见的收入方式有通过广告带来收入；购买产品内部的功能和服务，如在游戏中购买新装备；购买订阅服务，如知识付费网站中付费订阅某个专栏。除此之外，还有一种常见的收入方式是平台收取交易费用，如滴滴、美团等产品。

5. 产品的营销方式不同

能够多获取收入是好产品的标准之一，而收入往往与产品的营销联系在一起。B 端产品和 C 端产品在销售方面有很多不同之处。

因为 B 端产品和 C 端产品的使用对象不同，所以 B 端产品的销售会有比较专业的销售团队跟进，注重与客户建立长期的联系和沟通，从而增加销售的机会。因此，电子邮件、电话营销和主动拜访是 B 端产品销售比较常用的主动寻找客户的方式。

销售团队也会采用培训、演示、提供试用等客户服务的方式，让客户从不同的角度思考和权衡使用 B 端产品给公司带来的效益。B 端产品的销售流程会比较长、比较复杂，成本也会比较高，同时销售成功后的收益也是巨大的。B 端产品的定价会根据客户的需求来定，更具灵活性和个性化。在 B 端产品的销售中，我们经常会看到流失率（Churn Rate）、客户获取成本（Customer Acquisition Cost）、生命周期价值（Life Time Value，LTV）等指标，我会在后面的内容中对这些指标进行具体的解释。

B 端产品可以针对每个客户进行个性化的营销，而 C 端产品面向的是数量庞大的客户，销售人员通过数据分析找到与 C 端产品相匹配的群体，进而大规模地推送营销信息。比如，将特价促销、功能升级等广告信息通过短信、微信、邮件、网站等渠道发送给潜在的客户。相对于 B 端产品营销过程中的理性决策，C 端产品需要的是感性决策。销售人员通过这些广告信息激发客户的情绪，让他们专注于产品最能解决的问题和痛点，减少复杂的思考、缩短决策的流程，进而使他们快速决定购买产品。比如，一个相机 App 提供各种付费的美颜滤镜，强调给客户独特的美丽体验，刺激客户购买。再比如，"双 11"期间，微信朋友圈和公众号文章出现了视频 VIP 服务"买一赠一"的促销信息。

B 端产品和 C 端产品虽然在营销方面存在着不同，但是都需要基于好的产品和服务并以客户为中心，从而积累和培养忠实的客户。

6．产品的迭代和发布方式不同

B 端产品和 C 端产品在迭代方式上存在着不同。C 端产品能够快速按周或按月迭代和发布，而 B 端产品的使用者往往都是企业用户，使用版本的更新意味着培训、学习、协调上线等工作的调整。因此，在使用 B 端产品时，用户更希望能够使用一个长期而稳定的版本。企业在使用 B 端产品时，还需要考虑产品与企业其他已经应用的产品是否可以对接、是否可以平滑切换等问题。

7．产品需求的调研方式不同

B 端产品与销售团队联系在一起，在进行需求调研时，会通过拜访客户或收集客户使用产品时的数据来收集明确的需求。

C 端产品客户体量巨大，需求有时并不清晰，因此产品经理需要通过各种方式挖掘和整合需求。比如，C 端产品上线以后，产品经理可以抽取典型客户进行访谈或发布调研问卷，也可以查看评论、论坛网文等信息，从而收集和分析客户的需求。

在进行调研访谈时，C 端产品需要通过筛选大量的用户来找到典型客户，从而调研出有价值的需求。而 B 端产品通过企业的组织架构或销售团队，就可以找到典型的客户进行访谈，而且 B 端产品的客户更加专业，他们会从企业管理、生产作业的实际场景来描述需求。

接下来，我用表格的形式总结一下 B 端产品和 C 端产品的差异，如表 1-1 所示。

表 1-1　B 端产品和 C 端产品的差异

方　　面	B 端产品	C 端产品
产品的提供者	可以由企业内部团队来开发，也可以向市场采购，由应用服务提供商提供相关的软件	来自市场上的软件和互联网公司，用户都是通过应用市场或直接登录网页来获取产品和服务的，如微信、微博等产品

续表

方　面	B 端产品	C 端产品
产品体现的价值	在企业的管理、营销等方面提高效率和效益、降低成本	体现的价值多种多样，如提高工作效率、提升生活品质等
决定是否使用产品的对象	包括企业的 CEO、CFO 等，B 端产品的客户和用户往往是分离的	C 端用户自己决定 C 端产品的客户和用户往往是一致的
产品的收入方式	客户的直接付费、根据服务和资源的使用量付费、额外的服务费用等	通过广告带来收入、购买产品内部的功能和服务、购买订阅服务、平台收取交易费用等
产品的营销方式	注重客户关系、客户服务，有专业的销售团队。 销售流程长，基于理性分析决策购买。 定价更具灵活性和个性化	销售人员通过数据分析找到与 C 端产品相匹配的群体，进而大规模地推送营销信息。 销售流程较短，基于感性决策购买
产品的迭代和发布方式	用户更希望能够使用一个长期而稳定的版本，企业需要考虑产品与企业其他已经应用的产品是否可以对接、是否可以平滑切换等问题	能够快速按周或按月迭代和发布
产品需求的调研方式	通过企业的组织架构或销售团队，找到典型的客户进行访谈，且客户更加专业	需要通过各种方式挖掘和整合需求，如抽取典型客户进行访谈、调研问卷等

　　总结一下：犹如冰山，C 端产品是浮于海平面之上的冰山一角，而海面之下的 B 端产品更加庞大；犹如大树，C 端产品是远看的葱绿风景，B 端产品是深耕地下的健壮根系，枝叶与根茎相互支撑。

　　我们了解了 B 端产品和 C 端产品的差异，那么 B 端产品和 C 端产品的相同点又是什么呢？

　　高标：回川，B 端产品和 C 端产品的相同点是什么呢？

　　回川：它们的相同点有很多，如都以用户或客户为中心、都需要注重体验等。然而，它们有一个最大的共同点，它会被很多人忽略。

　　高标：这是什么共同点呢？

　　回川：B 端产品和 C 端产品都是软件（Software）产品，因此我们在讨论 B 端产品和 C 端产品的方法和知识时，都是基于软件特点来展开的。软件自诞生以来，积累了很多方法论，如敏捷开发、用户体验等知识。因此，在学习 B 端产品的知识时，我们要有意识地查阅有关软件开发、软件设计、软件营销等方面的内容，思考所了解知识的本源，进而构建自己的知识体系。

1.2 B 端产品经理是谁

1.2.1 B 端产品经理的工作领域

产品经理是谁？产品经理是做什么的？每个读者心中肯定都有自己的答案。那么，在细分之下，B 端产品经理是做什么的呢？

我们在上一节中已经知道了 B 端产品和 C 端产品的不同之处。C 端产品经理会关注产品的体验、转化、用户增长、市场等方面的内容，而处在"看不见"的地方的 B 端产品经理又会关注产品的哪些方面呢？

B 端产品经理要根据企业的愿景和战略对产品的功能、发展、定位等进行规划，并且在产品研发、营销、运营等环节与相应团队紧密配合，从而推动产品规划。

我们借用《企业应用架构模式》[①]中企业应用的软件框架，列出 B 端产品经理主要关注的三个方面：表现层、领域层、数据层，如图 1-3 所示。

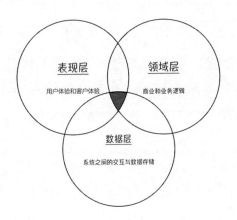

图 1-3 产品经理关注的三个方面

---

① Martin Fower：《企业应用架构模式》（*Patterns of Enterprise Application Ardritecture*），机械工业出版社 2010 年版。

1. 表现层

在表现层，B 端产品经理会关注用户直接与系统的交互和操作，即用户体验。

在表现层，为了提升实现速度、提高使用效率并降低培训成本，B 端产品经理会关注界面设计中的模式和组件，以及是否可以高效使用和复用[①]。比如，用户查看数据是一种固定操作行为，针对这种可预期的行为，界面设计会有解决方案（模式）。这个解决方案在界面上由表格、按钮、搜索框组成，这些就是组件。产品经理会优先关注界面的可用性，其次关注它是否好用。

通过上一节的内容，我们已经知道 B 端产品的用户和客户往往是分离的。因此，B 端产品经理还会关注与产品相关的整体流程的客户体验。

2. 领域层

领域层是商业和业务逻辑，这是核心的关注点，B 端产品经理关注业务逻辑的流转并担任其中的各种角色。B 端产品经理要划分好每一个业务逻辑的模块边界和其中的角色，最终实现模块与模块之间、角色与角色之间的高效协作。同时，B 端产品经理也要了解 B 端产品在市场上的商业模式和运营逻辑，从而配合销售和运营等团队的工作。

3. 数据层

在数据层，B 端产品经理关注的是系统之间的交互与数据存储。系统之间会以接口的形式传送数据，因此 B 端产品经理会关注接口传输性能、传输内容等。

同时，理解数据是 B 端产品经理挖掘和分析需求的基础。B 端产品经理需要关注数据之间的关系。

如果还是不太好理解，那么读者可以将其通俗地理解为技术层。当然，这并不是说 B 端产品经理要懂得技术实现，而是要理解数据，因为理解数据是分析需求的基础。比如，一个订单是什么？它包含了订单号、购买商品的数量、用户信息等内容。这些数据存储在数据库中，B 端产品经理要理解它们之间的关系。关于 B 端产品

---

① 《网站设计解构》一书中提到过可重用铁三角：交互式设计框架体系、设计模式、组件。Robert
　　Hoekman、Jared Spool：《网站设计解构》，人民邮电出版社 2010 年版。

经理是否需要懂技术，我们会在后面的章节进行详细讨论。在这里，我们直接说结论：产品经理不一定非要懂技术。

总之，B 端产品经理从产品战略和规划的角度时刻关注着每一个需求和产品中的表现层、领域层和数据层。

1.2.2　B 端产品经理的工作场景

B 端产品经理在公司需要与不同角色的同事打交道，他需要将产品的价值传递给与其配合的团队。通过了解这些团队，我们可以更好地了解 B 端产品经理的工作。

1．研发团队

想象一下，你现在是一名 B 端产品经理。你早晨打开电脑，准备今天大干一场。这时，迎面走来了你最熟悉的同事——研发人员，你们的对话可能会围绕以下话题展开。

- ♫ 昨天，WMS 上线的配货优化出现了问题，需要你和业务人员一起看一下。
- ♫ 运输管理系统（Transportation Management System，TMS）上运输管理的产品方案，我已经设计好了，咱们什么时候一起评估一下？
- ♫ 销售预测的项目测试情况如何，需要我协助什么吗？
- ♫ 客户反馈了一些系统方面的问题，咱们一起看一下。

每个产品经理都对以上内容非常熟悉，无论是 B 端产品经理还是 C 端产品经理，都要每天和研发人员对需求、追进度、处理线上问题。由于 B 端产品往往结构复杂，有时研发人员在阅读代码、处理问题时，会提出一些实际存在的特殊流程，来补充 B 端产品经理没有思考到的场景。特别是在文档积累不完备的情况下，B 端产品经理非常需要技术人员对评审方案的意见。

在销售 B 端产品的公司，当销售人员与客户签约合作以后，B 端产品经理要和负责实施的技术团队组成项目组，共同协作设计方法，推动项目落地。

2．设计团队

我们重新回到工作场景中，你刚跟研发人员聊完，工作群里的设计人员就开始找你沟通交互和界面设计的方案。C 端产品的使用场景相对容易理解，使用流程比较简单，设计师在设计方案时会有更多的发挥空间。而 B 端产品的使用场景多种多样，业务流程比较复杂，如果设计师仅仅从配色、布局、控件细节上着眼的话，就极易和 B 端产品经理产生分歧。因此，在 B 端产品经理推动产品方案时，设计人员共同参与的机会可能比较少，特别是企业内部自研软件的团队。

当然，这并不是说设计团队不重要，而是设计 B 端产品的团队需要制定一套通用的设计标准，来帮助 B 端产品经理设计产品方案和跟进研发进度。比如，阿里设计团队面向行业提供了一套 AntDesign 的设计标准。B 端产品经理需要和设计师充分沟通并理解设计标准和原则，这样就能和设计师在同一知识体系下，共同思考产品设计问题了。同时，产品经理也要将设计标准无法满足的产品应用场景及时反馈给设计师，让他们进行设计并补充到设计标准中。

3. 营销团队

我们继续来看 B 端产品经理的工作场景。在一家 SaaS 类的软件公司，产品经理在下午有一个和市场、销售人员的日常例会。通常，产品经理会围绕以下话题和这些同事进行沟通。

- ♬ 最近，几个客户的生命周期价值在降低，我们一起来分析一下其中的原因。
- ♬ 产品未来要增加什么新功能，我们提前沟通一下。
- ♬ 我们约了一个客户，希望产品团队派一个代表跟我们一起去拜访一下。
- ♬ 最近，客户反馈了一些问题，产品团队抓紧解决一下吧。

公司只有销售产品并获得利润，才能在激烈的市场竞争中存活下来。对于面向市场销售 B 端产品的公司来说，销售团队起着至关重要的作用。销售团队和客户有着非常密切的联系，因此他们也非常了解客户的诉求。B 端产品经理作为公司里的关键角色，需要充分理解销售同事传递出的客户诉求，以配合销售团队的工作。

下面为大家介绍一下 B 端产品销售的一般流程，如图 1-4 所示。

图 1-4　B 端产品销售的一般流程

① 寻找客户：销售人员通过在网站上发布广告、打电话、发邮件等方式寻找潜在客户。

② 筛选目标客户：为了降低销售成本，销售人员需要筛选客户资料，找到符合产品销售对象的客户，然后对其展开销售工作。

③ 建立联系并演示产品：销售人员通过电话、实地拜访、邮件等方式与客户建立联系并沟通诉求，向客户演示产品。

④ 提供建议：在与客户建立联系以后，销售人员已经进一步地了解了客户诉求。根据客户诉求，销售人员会分享产品的最佳实践并提供相应的解决方案，从而影响客户的购买决策。

⑤ 谈判并签约：在基本确定合作意向以后，销售人员与客户针对价格、购买内容、合作方式等进行谈判，推动最终签约。

⑥ 提供产品和服务：在销售的最后环节，销售人员向客户提供产品和相应的培训、解决问题等服务。销售人员在客户使用产品时要保持与客户的联系，并寻找新的销售机会，减少客户流失。

一般来说，从销售的大流程上来看，和 B 端产品经理共同协作的主要角色有以下几个。

- 市场经理（Marketing Manager）。他们一般负责媒体公关、组织会议活动、调研产品的市场定位和竞争对手等。

- 销售开发代表（Sales Development Representatives）。他们需要通过发邮件、打电话等方式大量挖掘潜在客户，寻找销售线索。

- 销售代表（Sales Representatives）。他们是销售团队的主要成员，为了开拓市场和挖掘客户，冲在销售前线。他们主要负责推动销售成功，有时与客户经理的权责相同。

- 客户经理（Account Manager）。客户经理也是常见的销售角色，他们负责开拓市场，与潜在客户进行沟通，向其销售产品并促成交易。客户经理需要长期维系与客户的关系。

⚘ 客户成功经理（Customer Success Manager）。在与客户签约之后，客户成功团队就会与客户进行沟通，提供培训和服务，减少客户流失，通过演示和推销产品组件和服务来增加收入。

⚘ 客户服务经理（Customer Service Manager）。他们的工作是对客户进行培训，接收客户投诉，以及处理反馈的问题。

当然，由于公司规模不同，一些销售职位兼顾了许多其他销售职位的职责。虽然职位名称千差万别，但是工作内容基本上都是开拓市场、营销产品、促成交易、维护客户关系、推动客户使用产品、解决客户问题等。

因此，软件公司的 B 端产品经理在和销售同事合作时，需要关注以下几点。

⚘ 了解营销团队的工作。B 端产品经理要理解营销团队的工作流程和内容，同时也要理解营销团队的关键指标。营销团队的期望是尽快让客户签单，营销团队的核心业务指标之一是让客户全生命周期贡献的价值大于获得这个客户所付出的成本（Customer Acquisition Cost，CAC）。营销流程变得复杂、营销时间变得漫长、利润变小，这些都不是销售同事期望看到的。在 B 端产品经理看来，营销团队与其沟通的需求会显得"短、平、快"，而 B 端产品经理在规划产品时，要站在公司的愿景和战略的角度，规划长远的产品迭代。因此，如何让产品团队和营销团队密切合作并消除分歧，是 B 端产品经理工作的主线。

⚘ 及时与营销团队沟通产品规划。B 端产品经理要让营销团队及时了解他们负责的是什么样的产品，并对客户的需求进行预判。产品团队和营销团队在产品方向和规划上要达成一致，这样可以在讨论营销团队传递出的客户需求上减少冲突。

⚘ 要对营销团队传递出的客户需求有自己的判断。营销团队为了促成交易和维持客户关系，会向 B 端产品经理提出很多需求，有时会要求他们加急处理。此时，B 端产品经理要对需求的优先级和重要性有自己的判断，思考这个客户为产品提供的价值有多大、是否能够为产品创造更多的机会、是否与公司的产品战略和规划相匹配等。

♂ 分享与产品相关的知识和行业动态。产品经理需要经常与营销团队分享产品使用细节，演示产品如何使用，并分享与产品相关的行业动态。这样能够帮助营销团队更好地与客户进行沟通和交流，更好地运用销售技巧，同时也有助于两个团队建立信任、共同协作。

♂ 通过营销团队更好地接触客户。销售团队非常了解客户，包括客户的痛点是什么、客户使用产品时的问题有哪些、客户的业务规划是什么等。有时，这些问题会通过营销团队传递给产品团队。B端产品经理也会和销售人员一起拜访客户，与客户直接进行沟通。

售前工程师和需求分析师是B端产品经理吗？

高标：回川，我最近在看职位，发现售前工程师（Pre-sales Engineer）、需求分析师（Business Analyst）也参与了B端产品的销售，他们也会做需求分析、梳理方案的工作，那么他们也是B端产品经理吗？

回川：这个问题问得非常好。我们先来说一说和B端产品经理最像的需求分析师，他们也会和客户沟通，使用分析需求的工具，如统一建模语言（Unified Modeling Language，UML），将客户的诉求转化为规范的需求说明文档，提交给研发团队，评估研发方案和成本。因此，B端产品经理和需求分析师的共同点是为客户创造出他们想要的产品。他们的不同点是需求分析师往往会投身到具体的项目中，在需求范围和项目范围确定的前提下开展工作；而产品经理可以脱离具体的项目，从市场竞争和定位、公司愿景和战略的角度，来规划产品和思考需求。哪些需求现在做、哪些需求未来做、哪些需求可以不做、哪些需求必须要做、哪些需求可以带来收益等都是产品经理需要关注和思考的。简单来说，在具体的项目中分析需求时，产品经理和需求分析师是一样的。

高标：那么，产品经理和售前工程师的区别是什么呢？

回川：售前工程师也是一个非常重要的销售角色。销售人员在与客户沟通时，可能不了解产品细节和技术细节，这时就需要一个懂技术和产品的人——售前工程师，充当销售人员的"百科全书"，帮助他们解答客户的问题。售前工程师能够了解客户的诉求，评估出大体的产品和技术方案；也能够与客户进行技术谈判，推动签约和服务支持。因此，在有些公司，售前工程师直接成了销售人员，推动销售工作。我们可以看出这是一个非常重要的综合性的职位，售前工程师至少要具备技术能力、项目推动能力、谈判沟通能力、方案宣讲能力等。这些能力和技能也是 B 端产品经理需要具备的。

回川：不过，售前工程师要为销售和项目的成功负责，而 B 端产品经理在销售过程中，不仅要为销售的成功努力，还要为产品的成功负责。简单来说，售前工程师要帮助某个渠道的销售人员成功签约具体的某个客户，而 B 端产品经理要从公司战略和产品规划的角度出发，设计出好的产品，帮助每个渠道的销售人员成功签约对应渠道的一批客户。

高标：我明白了。如果我们从公司战略和产品规划的角度来看，就可以理解这些角色的不同之处了。

4．运营团队

B端产品经理与营销团队开完例会以后，运营团队又找到B端产品经理并围绕以下话题开始沟通。

♫ 咱们来看一下最近物流系统的使用数据吧，好像最近使用量并不太好。

♫ 最近，我们的公众号要发布几篇宣传新产品的文章，产品经理提供一些思路吧。

♫ 我们需要新的报表，查看一下新业务的运营情况。

B 端产品经理与运营经理并肩合作是一个很常见的工作模式，B 端产品的特殊之处使运营这个职位既熟悉又陌生。运营工作包含市场、销售、产品等多个职位的职责，并为这些职位赋能。因此，B 端运营的工作基本上分为三个方向：市场运营（Marketing Operations）、销售运营（Sales Operations）、产品运营（Product Operations），主要工作如图 1-5 所示。

图 1-5　市场运营、销售运营和产品运营的主要工作

综合来看，运营人员需要做的事情有以下几点。

- 运营规划：设定运营目标并制订计划。
- 跨组织协作：促进跨组织沟通，协同各部门工作。
- 业务运营：优化运营流程，提升运营效率，降低运营成本，实现运营目标。
- 数据分析：收集和分析数据，得出结论并提出建议。设置度量标准和指标，跟进并评估效果。
- 业务增长：增加客户数量，增加市场份额，分析行业趋势。

B 端产品经理在与运营团队协作时，要及时与运营团队沟通产品规划，分享与产品有关的知识和行业知识。B 端产品经理可以通过运营团队更好地了解客户，特别是以数据分析的方式。

5. 项目管理团队

B 端产品经理要创造出满足客户需求的好产品，而项目经理要以节约成本和时间的方式创造出好产品。

在 B 端领域有一个典型的场景，销售同事与客户签订完合同以后，需要项目经理根据合同立项，推动产品落地和实施。因此，B 端产品经理与项目经理要在项目中密切配合，完成相关工作。

6. 客户

对于 B 端产品经理来说，客户是非常重要的角色。所有的需求都来自客户，B 端产品经理所做的一切工作都是为了满足客户的需求。

企业内部研发团队的 B 端产品经理所面对的客户来自公司，如业务运营团队、行政管理团队。此时，B 端产品经理并不需要通过营销团队与他们建立联系，而是可以快速地与他们进行密切的沟通并了解他们的需求。

无论是软件公司的 B 端产品经理，还是企业内部的 B 端产品经理，都要以客户为中心开展工作。具体的内容将在第 3 章为大家介绍。

了解了 B 端产品经理与研发团队、设计团队、营销团队、运营团队、项目管理团队、客户一起工作的场景以后，大家可能对 B 端产品经理是谁有了自己的答案。

> B 端产品经理是不是也叫后端（Back End）或后台产品经理？
>
> 高标：我发现招聘的职位中有 B 端产品经理、后台产品经理和后端产品经理，对他们的描述好像都一样。
>
> 回川：你观察得很仔细。后台和后端的叫法都不太准确，B 端和 C 端产品面向的是产品销售和使用领域，因此 B 端产品经理的叫法是准确的。而后端是从技术的角度命名的，前端（Front End）和后端是用来描述构成硬件、计算机程序或网站的各个层次的术语。你可以在 GitHub 上搜索 kamranahmedse/developer-roadmap，里面用图形化的方式展示了学习前端和后端开发的学习路线图。开发一个 B 端产品需要前端和后端的技术共同应用，因此前端和后端经常与研发人员匹配。
>
> 回川：后台（Background）是和 B 端比较接近的词汇。前台（Foreground）可以理解为用户实际操作的页面、系统等，而后台是为了支持前台业务正常运转而存在的页面、系统等。因此，无论是 B 端还是 C 端都是存在前台、后台的产品形态。比如，快递员收货、发货使用的手持设备就可以看作前台，而为了支持这些设备正常运转而存在物流系统就可以看作后台。B 端产品经理既可以负责前台，又可以负责后台，当然也可以负责当下最热门的中台（Middleground）。
>
> 高标：原来如此，我明白了。

1.3 B 端产品经理的"技能树"

1.3.1 B 端产品经理的硬技能与软技能

B 端产品经理的技能分为硬技能和软技能。

其中，硬技能能够让 B 端产品经理与其他职业区分开，软技能指的是在各个职业间无缝切换的技能。

B 端产品经理的硬技能包括以下内容，如表 1-2 所示。

表 1-2　B 端产品经理的硬技能

硬　技　能	技　能　描　述	技能点（获取技能的知识）
产品机会评估	通过市场调研，进行竞品分析、SWOT 分析，评估产品机会及盈利点	市场调研、竞品分析、SWOT 分析
用户调研	运用用户研究知识和用户研究方法，获取反馈信息并进行分析，形成结论	用户研究、社会学、心理学
产品规划	规划产品发展路线图	运营管理、战略管理
需求分析	分析用户想要什么和不想要什么，梳理业务逻辑	统一建模语言（UML）、软件工程
需求管理	管理需求的生命周期，分析需求之间的相关性和优先级	项目管理
信息架构设计	对信息进行统筹、规划、设计	信息架构、交互设计
产品方案设计	将用户需求转化为可以投资、落地执行的产品方案	原型设计、产品文档撰写
技术实现评估	评估实现产品方案的技术可行性、技术实现成本和维护成本	软件架构
用户体验设计	在产品可用的基础上，多关注交互和 UI 层面，让产品更好用	交互设计、UI 设计、平面设计
产品发布	在产品待上线阶段，为产品发布做准备工作，包括培训用户、制订和推进上线计划	培训、演讲、项目管理
数据分析	收集、分析数据，得出结论	统计学

B 端产品经理的软技能包括以下内容，如表 1-3 所示。

表 1-3　B 端产品经理的软技能

软　技　能	技　能　描　述	技能点（获取技能的知识）
沟通	清晰地表达自己的观点，理解对方所表达的含义	心理学、沟通技巧
逻辑思考	思考事物之间的关系，有条理地进行归纳总结	逻辑学、金字塔原理
大局观	发现事物之间的主要矛盾和次要矛盾，以及问题的主要方面和次要方面	唯物辩证法、系统论
执行力	在既定目标和确认范围下，让事情最大限度地分阶段、有计划地实现	项目管理
时间管理	合理规划时间，尽可能地实现收益最大化	GTD（Getting Things Done）时间管理方法
自驱力	主动学习，让自己不断成长	心理学、职业规划

　　B 端产品经理在培养技能时，还要借鉴"二八原则"，即真正重要的知识或在实践中被反复使用的知识只占全部知识的 20%。B 端产品经理在培养"技能树"时，要着重搭建知识骨架——20% 的知识。也就是说，20% 的知识是固态的，是根本的、基

础的；80%的知识是液态的，是不断更新、变化的。

比如，B 端产品经理要想培养用户研究的技能，可以学习用户研究的基础知识，如焦点小组、用户访谈、问卷调查等知识，弄清楚这些知识的基本概念、应用场景和所需技术，这样就形成了技能索引。在实际工作中，B 端产品经理可以根据用户研究的技能索引，学习相关知识并快速应用。

1.3.2　B 端产品经理的技能领域

虽然 B 端产品经理有很多的硬技能和软技能，但是他们不可能对每项技能都擅长，需要有所侧重。著名的咨询公司——麦肯锡（McKinsey）曾经定义了产品经理的 6 个技能领域，产品经理只要能够熟练掌握 1～3 个技能，就可以成为公司关注的产品人才[①]。我们来看一下 B 端产品经理的 6 个技能领域，如图 1-6 所示。

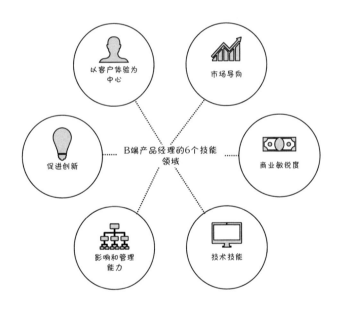

图 1-6　B 端产品经理的 6 个技能领域

♢　以客户体验为中心：B 端产品的特点是客户和用户往往是分离的。B 端产品经理要能从整个客户体验的角度来整体思考产品服务的全流程，设

---

① 具体内容请在 Mckinsey 的官方网站 Product Managers for the Digital World 查找。

计产品，提升客户体验。

- 市场导向：B 端产品涉及的领域非常广，因此产品经理需要深入了解某个产品领域的知识，了解这个领域的发展趋势、市场需求、竞品情况等，从而针对这个领域制定具有竞争力的市场策略。

- 商业敏锐度：成功卖出 B 端产品需要营销团队的支持。B 端产品经理要了解针对 B 端客户的销售和盈利模式，将获客成本、客户价值融入产品管理中，从而最大限度地体现产品的商业价值。

- 技术技能：理解技术发展趋势和研发流程，能为 B 端产品经理的技能培养起到锦上添花的作用。从技术的角度来看，研发人员也可以成功转型为 B 端产品经理，那么很多非技术出身的 B 端产品经理，要怎么面对技术这个门槛儿呢？我会在 2.3 节"产品经理是否要懂技术"中，为大家详细介绍。

- 影响和管理能力：无论是 B 端产品经理还是 C 端产品经理，都要在组织中成为一名传递者、影响者，将正确的产品价值传递给每一个合作者，从而使其做正确的事和正确地做事。

- 促进创新：创新是一个产品不断前进的动力。无论在哪个行业，具备创新能力的 B 端产品经理都是组织中的佼佼者。

对于以上技能，B 端产品经理需要做出一定的取舍并不断精进，只有这样才能有更好的发展。接下来，我将带领大家一起探寻 B 端产品经理的职业生涯。

第 2 章

解惑：B 端产品经理的职业生涯

人生的道路虽然漫长，但紧要处常常只有几步，特别是当人年轻的时候。没有一个人的生活道路是笔直的、没有岔道的。有些岔道口，譬如事业上的岔道口、个人生活上的岔道口，你走错一步，可以影响人生的一个时期，也可以影响一生。

——柳青《创业史》

2.1　B 端产品经理的职业发展

2.1.1　B 端产品经理的职业发展路径

一般产品经理的职业发展路径是产品专员/产品助理（Associate Product Manager）—产品经理（Product Manager）—高级产品经理（Senior Product Manager）—产品总监（Director of Product）—产品副总裁（Vice President of Product），如图 2-1 所示。

图 2-1　产品经理的职业发展路径

这个路径比较通用，不分 B 端还是 C 端。在职业发展路径的不同阶段关注的重点是不同的。

产品专员/产品助理主要关注的是具体执行层面的协作、对产品需求的细化，以及对原型的设计和文档的整理。

产品经理主要关注的是推动产品迭代、产品的实现与效果、数据和业务、感知业务和产品的发展方向。

高级产品经理主要关注的是商业价值和模式，要能够从产品的全生命周期出发思考问题，并且需要具备团队管理技能。

产品总监主要关注的是战略规划、业务发展和团队管理。

从产品总监继续往上，就到了公司的核心管理层——产品副总裁，他们主要关注的是宏观方面的内容，包括公司战略、产品战略、组织建设等。当然，大家也可以认为产品经理最终的职业阶段是首席执行官（CEO）。

在这个通用的职业发展路径的基础上，B端产品经理也有自己的特色，主要体现在以下几个方面。

    ♪ B端产品经理具备特有的职业知识。在产品经理没有明确的称谓之前，B端产品经理的工作是由需求分析师、系统架构师、行业咨询师、项目经理等角色负责的。虽然这些角色的职能并不能代表B端产品经理的职能，但是这些角色的职业知识却融入了B端产品经理的技能中，如项目管理、软件工程的相关知识。

    ♪ B端产品经理可以成为行业专家。入行B端产品经理需要一定的门槛儿。比如，设计公司使用的财务系统，要求产品经理至少具备会计财务知识，理解公司的财务流转。也就是说，进入某一领域做B端产品经理，需要具备某一领域的行业知识。因为有入行门槛儿，所以B端产品经理的职业发展容易形成"护城河"，即更易成为某一行业的B端产品专家。这也衍生出了一个现象，B端产品经理转C端成本相对低一些，而C端产品经理转B端成本则会高一些。

    ♪ B端产品经理为组织战略而服务。从设计的那一刻开始，B端产品就与企业经营、管理有着千丝万缕的联系，可以说是企业经营与管理的延续。因此，B端产品经理的职业规划非常明确，其职业进阶的目标是自己的工作成果能够直接影响组织战略。

当然，任何类型的产品经理最终都会殊途同归，他们都走在"发现问题→解决问题→再出现问题→再解决问题"的职业道路上。

2.1.2 B 端产品经理与 C 端产品经理的对比

在前面的章节中，我们介绍了 B 端产品和 C 端产品的区别。接下来，我们从以下几方面对比一下 B 端产品经理和 C 端产品经理，从而更好地理解 B 端产品经理的职业特点。

1. 工作环境

就创业公司来说，小型创业公司的 C 端产品经理的工作有时由创始人直接负责，而规模较大的创业公司会专门设置产品经理的岗位。由于 B 端产品要为客户服务，有时项目经理、需求分析师也会承担 B 端产品经理的一些职责。中大型的公司都会明确设置 B 端产品经理和 C 端的产品经理的岗位。

2. 主要工作目标

在创业公司，B 端产品经理和 C 端产品经理的工作目标主要是识别和管理需求、实现商业化、协助制定公司战略。B 端产品经理还要能够根据客户的需求，为其提供相应的 B 端产品。

而在中大型公司，B 端产品经理和 C 端产品经理会关注具体的某个产品线，根据公司的业务规划和战略，制定并实现自己所负责的产品战略。B 端产品经理同样需要根据客户的需求，为其提供相应的 B 端产品。

3. 工作职责

无论是在创业公司还是在中大型公司，B 端产品经理和 C 端产品经理相同的工作职责都是项目管理、原型设计和产品开发、需求管理、团队管理、规划产品发展路径等。除此之外，C 端产品经理还有承担增长和运营的相关职责，而 B 端产品经理除了进行需求分析和产品设计，还要完成一些客户服务、培训等支持工作，来协助营销团队维护客户关系。

4. 项目流程

B 端产品经理和 C 端产品经理跟进的产品项目一般都会经历以下几个阶段：需求评估和设计、计划排期、研发测试、上线发布等。因为 B 端产品经理会为公司提供解决方案，所以可能会经历以下几个阶段：销售、合同签署、产品开发和实施、维护和支持等。

5. 主要技能

沟通协作、需求管理、项目管理等技能都是 B 端产品经理和 C 端产品经理需要具备的，只是这些技能可能应用在不同的产品和业务领域。

6. 合作团队

B 端产品经理和 C 端产品经理都会与设计、研发、测试团队进行密切合作。由于 B 端产品自身的特点，B 端产品经理还会与营销团队中的销售团队、市场团队进行密切合作，共同为 B 端客户提供服务。

7. 服务的群体

B 端产品经理服务的群体数量可能远远小于 C 端产品经理服务的群体数量。B 端产品的使用群体可能只是公司中的小团队，并且存在客户与用户分离的情况，因此 B 端产品经理在工作中会接触到一些定制化需求。面对这种场景，B 端产品经理要在支持销售、保障整体产品规划的基础上，思考客户的需求。B 端产品的使用群体往往都是业务专家，因此 B 端产品经理要在懂业务的基础上，设计出高效、稳定的 B 端产品。

而 C 端产品经理需要使用更多的手段，吸引数量庞大的 C 端用户，激发他们的热情。比如，各种电商大促互动时，会设置各种游戏、优惠积分等活动，从而激发用户的购买热情。因为服务的群体不同，所以 B 端产品经理要注重流程、高效、理性，而 C 端产品经理则要注重情感化和趣味性。

8. 收入模式

C 端产品可以通过广告、提供产品内部功能和服务、提供订阅服务，以及平台收取交易费用等方式带来收入。因此，C 端产品经理在思考商业化时，都会有流量变现的思路。

而 B 端产品的收入有的来自客户的直接付费或根据服务和资源的使用量付费，还有的来自提供相关领域的咨询、维护等服务收取的费用。因为 B 端产品售卖流程长且复杂，所以 B 端产品经理要尽可能地降低成本、提高产品售卖效率，还要维系客户关系、减少客户流失。

通过对比，大家可以更加了解 B 端产品经理这个职业。

2.2 B 端产品经理介绍

其实，成为 B 端产品经理有很多的途径和方法，简单来说就是，往那些有 B 端产品经理职位的公司投递简历。

2.2.1 B 端产品经理的分类

下面为大家介绍一下 B 端产品经理的分类，如图 2-2 所示。

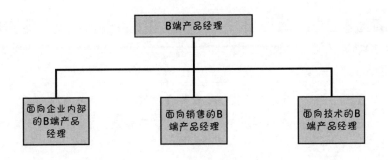

图 2-2 B 端产品经理的分类

1. 面向企业内部的 B 端产品经理

他们是为企业内部提供 B 端产品的产品经理，这类产品经理一般隶属于企业的 IT 部门，与企业内部的技术团队配合，为企业组织运营提供信息化的解决方案。这类 B 端产品经理最大的特点是，使用产品的客户就是自己身边的同事，他们可以随时了解需求的背景和业务逻辑。

2. 面向销售的 B 端产品经理

他们是在 SaaS、PaaS（Platform-as-a-service，平台及服务）、云计算等相关领域

公司内任职的 B 端产品经理。他们需要与营销团队密切合作，关注 B 端产品的营收和成本数据，关注客户体验，与客户深入合作，为客户提供满意的 B 端产品。

3．面向技术的 B 端产品经理

他们通常具有软件工程或计算机的知识，从研发人员转型为 B 端产品经理。随着云计算的兴起，他们往往负责技术类产品，如数据库、弹性计算、人工智能等。这类 B 端产品经理，并不是要替代研发人员，而是要成为跨职能沟通的角色，将技术类产品的价值和特性传递给非技术部门，如与之合作的销售团队、设计团队、运营团队等。

以上就是 B 端产品经理的分类，希望可以帮助大家更好地筛选适合自己的 B 端产品经理职位。

2.2.2　B 端产品经理的入行领域

在前面的章节中，我们把 B 端大体分为以下几类：协作办公、即时通信、企业管理、销售运营等。下面根据这些类别为大家介绍一下行业中比较常见的入行领域。

- ♪ ERP：ERP 是为企业提供管理库存、供应链、财务等流程的系统，一般包括财务管理、供应链、库存管理等模块。提供此类产品的公司有 SAP、Oracle 等。
- ♪ CRM：CRM 是培育客户、支持客户、防止客户流失、与客户建立关系及进行个性化销售的有效手段，一般包括市场营销和活动管理、联系人管理、销售自动化等模块。提供此类产品的公司有 Salesforce、SAP 等。
- ♪ 财务软件（Accounting）：财务软件能够简化交易和处理货币信息，便于公司进行财务管理，整合组织的财务流程，一般包括预算、账单、报税、薪酬等模块。提供此类产品的公司有 Oracle、Tipalti 等。
- ♪ 商业智能（Business Intelligence，BI）：BI 是公司常用的软件，它可以通过大数据技术，将企业销售、生产等数据进行加工处理，一般包括数据可视化、OLAP、决策分析等模块。提供此类产品的公司有 Tableau、IBM 等。

- 供应链管理（Supply Chain Management，SCM）：SCM 是生产制造型企业的关键管理流程，为企业管理供应链提供信息化支持，一般包括供应链监控、库存管理、采购管理等模块。提供此类产品的公司有 SAP、Manhattan 等。

- 产品生命周期管理（Product Lifecycle Management，PLM）：PLM 为企业从全生命周期管理产品提供信息化支持，一般包括文件管理、物料清单管理、项目管理等模块。提供此类产品的公司有 SAP、Siemens 等。

从上述描述中我们可以看出，这些领域的产品经理都会成为深耕在这个领域的专家，并具有很强的不可替代性。

以最典型的入行领域——企业资源计划（ERP）为例，ERP 包含了很多子系统，如会计核算、生产控制管理、物流管理、采购管理、库存管理等。

随着电商及新零售的蓬勃发展，ERP 在原有的基础上进行了扩展，并具有了互联网特色，涉及卖场系统、交易系统、订单系统、库存系统、物流系统、客服系统、进销存系统等。每个系统都需要 B 端产品经理的参与，他们与电商企业的运营管理关系密切，如淘宝、京东等电商企业。

随着云计算、互联网的发展，越来越多的 B 端产品通过 SaaS 的方式快速扩展。只有大公司养得起的 ERP 等系统如今被互联网化，中小型公司都是以最小的成本获取服务的。很多企业管理流程被细化为各个领域的 SaaS 产品，如薪资管理、法务管理等，这些都可以成为 B 端产品经理的入行领域。

2.2.3　转行成为 B 端产品经理

很多与 B 端产品经理协作的角色都可以转行成为 B 端产品经理，接下来我们来看一看，这些角色是如何转行成为 B 端产品经理的。

1. 需求分析师

需求分析师和 B 端产品经理非常相似，他们都需要关注客户的需求，并且通过文档的方式将需求传递给其他团队。在具体的项目中，需求分析师和产品经理的职责基本相同，因此需求分析师转行成为产品经理是非常容易的。在转行的时候，需求分析师需要提高产品规划能力。因为需求分析师更多的是在既定需求范围内分析需求的，而产品经理则需要关注产品发展路径，从产品发展规划的角度来思考产品需求。

2．项目经理

项目经理和产品经理是非常容易混淆的角色，其实两者也存在很大的不同。产品经理会从产品管理的角度来关注产品的产生和消亡，而项目经理则会从项目管理的角度来关注项目的开始和结束。

在一个 B 端产品项目中，项目经理会把更多的精力放在制订项目计划上，保障资源能够合理利用，并且能够把成本控制在合理预算范围内，保障项目按时、按质交付。

因此，项目经理在转行成为 B 端产品经理时，自身拥有的项目管理能力无疑是优势，虽然他们有与技术人员协作、评估排期的经验，也有书写和整理文档的经验，但是还需要多关注客户调研、产品规划、竞品分析。在敏捷开发中，项目经理可以通过充当产品负责人（Product Owner）的角色，来培养相关的产品技能。

3．设计师

无论是交互设计师、UI 设计师还是产品经理，都希望产品能够给客户带来更好的体验。只有深刻理解了客户的需求才能给客户带来更好的体验，这就是设计师转行成为产品经理的优势。

设计师的工作聚焦在界面和与可用性相关的内容上，除此之外，还要制定设计标准，而产品经理会从销售、项目、技术等多个角度来思考产品的整体流程。

因此，希望转行成为产品经理的设计师在与产品经理合作时，可以多了解产品方案背后的业务逻辑，并思考整体系统页面的操作流程和操作细节，从页面细节出发逐步梳理整体的产品框架和业务背景。只有多了解产品的细节，才有可能成为这个领域的专家。

4．营销人员

在 B 端产品领域，市场经理、销售代表、客户经理等营销人员与产品经理的共同点是为客户服务、密切关注客户，营销人员在产品愿景、市场趋势、产品价值、竞品分析上具备很强的专业性。

如果营销人员想转行成为 B 端产品经理，就需要培养将客户需求转化成技术团队、设计团队能够理解的语言的能力，方便与这些团队进行沟通。按照以终为始的思路，营销人员可以在市场和营销文档的基础上，练习写产品文档，同时要从公司产品规划的角度来思考客户提出的产品需求。除此之外，营销人员了解一些技术的基本知识，也有助于与技术团队进行有效的沟通。

5．运营人员

运营人员，特别是专注于企业内部数据和业务方向的运营人员，是非常容易在企业内部转行成为 B 端产品经理的。运营人员非常了解业务规划、业务流程、业务指标和数据，这些都是其转行成为产品经理的优势。

运营人员在转行成为产品经理时，需要提高的是产品规划能力。运营人员要能够从业务规划中抽象出产品功能，同时能够与技术团队和设计团队进行有效的沟通。企业内部的运营人员可以通过参与产品项目，来提高与技术团队和设计团队沟通的能力。

6．研发人员

"研发人员如何转行成为产品经理"是一个热门话题，不可否认的是很多厉害的产品经理都是由研发人员转行而来的。在 B 端产品领域，研发人员具有独特的优势。B 端产品的业务背景非常复杂，了解复杂的业务流程有三个途径：业务人员的经验、积累下来的文档、运行的代码。研发人员通过阅读代码和参与实际的项目可以详尽地了解产品细节。

如果研发人员想转行成为产品经理，就要先理解客户，研发人员要从客户的角度来思考为什么他们会提出这些需求，而不仅仅是从技术实现的角度来思考。除此之外，研发人员还要增加一些商业管理类的知识，如市场调研、竞品分析、产品规划等知识。通过学习这些知识，研发人员可以从市场和客户的角度更好地理解产品。

无论你从事什么职业，都有机会转行成为产品经理。下面给大家提供几个问题，让大家更好地判断自己是否真的适合转行成为 B 端产品经理。

  是否对从事产品经理有强烈的兴趣？

  如果转行失败，最坏的结果是什么？你是否能够坦然面对失败？

  是否具备某个业务领域的知识和实践经验？比如，财务、物流、供应链……

  是否跟进过一个项目，从项目立项一直到最终完成？是否跟产品、技术、设计、销售等团队有过协作？

  是否分析过客户提出的问题并设计出解决方案？

  是否了解过产品规划、产品定位等内容？

我们了解了很多关于转行成为 B 端产品经理的方法和途径，可能会遇到一个很纠结的问题，产品经理是否需要懂技术呢？我们将在下一节探讨这个问题。

2.3　产品经理是否需要懂技术

这是一个关于产品经理职业生涯的经典问题，答案很简单，产品经理需要懂技术，然而懂技术不代表会写代码。

2.3.1　电热水壶——产品和技术的视角

以生活中常用的电热水壶为例，产品经理和技术人员思考的角度是不同的，如图 2-3 所示。

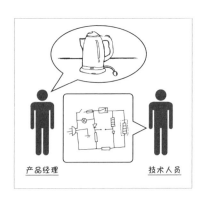

图 2-3　产品经理和技术人员思考的角度不同

产品经理会思考以下内容。

    ♪　热水壶要有把手，可以持握。

    ♪　要有进水口接水。

    ♪　要有壶嘴倒水。

    ♪　要有指示灯，表示接通电源。

    ♪　选择配色，吸引不同的顾客。

    ……

技术人员则会思考以下内容。

    ♪　设计安全电路。

    ♪　设计防水、防漏电的结构。

    ♪　选择合适型号的电线。

    ♪　选择合适的材料。

    ……

虽然产品经理和技术人员会从不同的角度来思考电热水壶这个产品，但是如果产品经理不理解技术，如对电一点都不了解，那么他肯定会设计出匪夷所思的方案。

因此，产品经理并不需要像技术人员一样设计出电热水壶电路图，而是需要了解以下内容，包括电路图是用来指导实际的电路装置设计和选择的、这些电路可以满足亮灯指示/加热等功能，以及电路设计方案的优缺点和成本等。产品经理了解这些内容是为了更好地与技术人员进行沟通，从而设计出更好的产品。

产品经理做产品有三重境界，即山水境界。

第一重境界：看山是山，看水是水。产品经理不要被约束，要大胆而专注地创新。约束因素可能有技术、环境、组织等。

第二重境界：看山不是山，看水不是水。产品经理要了解约束，看到边界，明白什么可为、什么不可为。

第三重境界：看山还是山，看水还是水。此时，产品经理已经懂得将创新与约束进行融合了。

产品经理最终要懂得创新和约束共存，技术作为一种约束，产品经理必须对其进行了解。

2.3.2　布鲁姆分类（Bloom's Taxonomy）——学习技术知识的层级

布鲁姆教育目标分类法是教育学非常著名的理论，它对教育目标进行了由浅入深的分类，如图 2-4 所示。换句话说，这个分类是按照以终为始的思路，对学习知识的效果进行分类的。

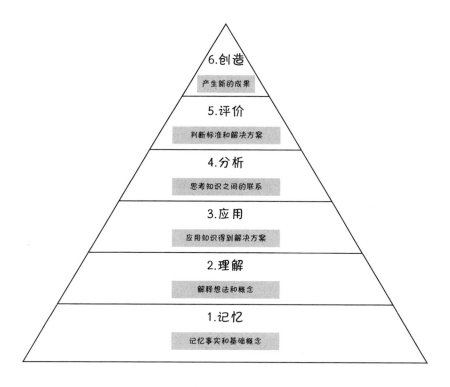

图 2-4　布鲁姆教育目标分类法

我们将这个分类投射到产品经理学习技术知识的领域，可以得出学习技术知识的层级，如表 2-1 所示。技术知识的学习分为记忆、理解、应用、分析、评价、创造六个层级，不同层级对产品经理的技术知识有着不同的要求，基本趋势是能和研发人员说上话→能用技术语言跟研发人员进行沟通→研发人员能服从自己。在 2.2 节中，我们了解到 B 端产品经理大致分为三类：面向企业内部、面向销售、面向技术。专门面向技术的 B 端产品经理可以向很高的层级攀登，而非专门面向技术的产品经理基本达到记忆和理解的层级就可以了。

表 2-1 学习技术知识的层级

层级	掌握程度	应用场景
1. 记忆	能够了解基本的技术概念，如知道搭建 B 端产品需要使用哪些技术	培养对技术的兴趣； 减少对技术的恐惧
2. 理解	能够描述一门技术的基本概念和原理，如能够描述云计算的基本概念和原理	与技术人员在相同的知识背景下进行合作； 将需求转化为产品方案时，会关注技术人员的关注点
3. 应用	能够通过技术解决问题，如能够写 SQL（Structured Query Lanuage，结构化查询语言）查询数据	能够通过技术解决查询数据等问题； 能够向销售、设计团队解释技术问题
4. 分析	能够分析、识别技术的基本架构，如了解所在公司使用的技术架构和优势	在此层级或更高层级，技术基本上不会成为产品经理的障碍； 可以和技术管理者进行有效的沟通； 在 IT 架构上，思考产品设计
5. 评价	能够判断技术趋势、把握技术选型，如能够了解公司使用技术的最新趋向	在此层级或更高层级，技术基本上不会成为产品经理的障碍； 能够理解公司的技术战略和规划，并思考产品战略
6. 创造	设计出新的技术解决方案，如设计出新的架构和技术方案	在此层级，技术不会成为产品经理的障碍

产品经理了解技术是为了更好地与技术人员进行沟通，从而设计出更好的产品，而不是为了越俎代庖，直接代替技术人员写代码。

架构师=产品经理+程序员吗？

高标：回川，在 B 端产品领域，架构师的工作和产品经理的工作有一定的重合，我倒是知道架构师肯定非常懂技术。那么，架构师的技能等于产品经理和程序员的技能之和吗？

回川：架构师（Architect）是一个主要面向技术层面的角色。架构师的分类如图 2-5 所示，它可以细分为技术架构师（Technical Architect）、解决方案架构师（Solution Architect）、软件架构师（Software Architect）和企业架构师（Enterprise Architect）。

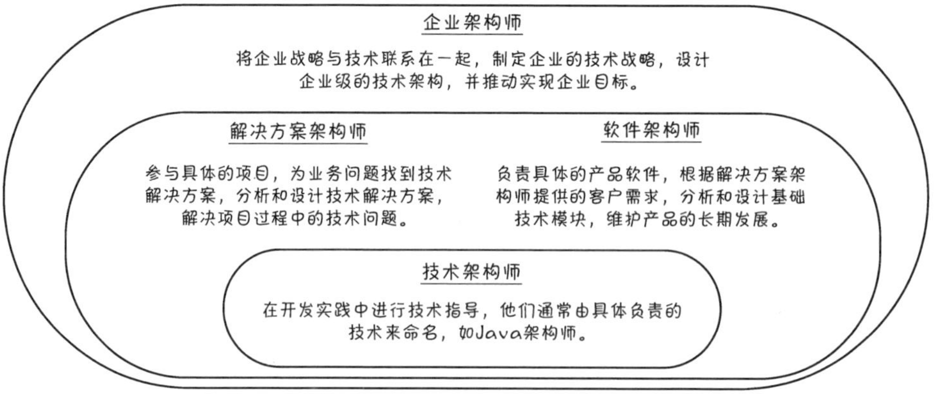

图 2-5 架构师的分类

回川：简单来说，企业架构师负责的是面（企业），解决方案架构师和软件架构师负责的是线（具体的产品和项目），技术架构师负责的是点（实现产品的技术）。这些架构师的职责是从战略到实践逐渐转变的。

回川：在这些架构师中，解决方案架构师、软件架构师的工作和产品经理的工作有一定的重合。在 B 端产品领域，解决方案架构师和软件架构师比较相似。其中，解决方案架构师和产品经理一样会参与落地产品的项目；解决方案架构师会调研客户的需求、技术环境，为销售团队提供支持，跟进项目管理；软件架构师会进一步综合考虑客户的需求，设计出更好的架构来满足不同客户的解决方案，并为程序员编程设计架构。因此，B 端产品经理会从产品需求的角度来推动项目，而解决方案架构师、软件架构师会从技术需求的角度来推动方案，但他们的目标是一样的，都是为了满足客户的需求。

回川：架构师是一个不同于产品经理和程序员的独立角色，只是职业技能与产品经理和程序员有相同点。

高标：原来如此，我明白了。

2.3.3 跨越技术沟壑——产品经理应该怎么做

通过上述内容我们了解到产品经理需要懂技术，那么产品经理应该做些什么呢？

首先，产品经理要知道软件开发的整体流程。大家可能觉得这有什么难的？不就是产品经理提出需求，技术人员编写代码，然后测试上线嘛！虽然大概的流程确实是这样的，但是有一个关键流程需要产品经理弄懂，那就是技术人员在接到需求以后，是如何将需求分析成代码的。在这个过程中会出现很多词汇，如软件架构、微服务、面向对象（Object Oriented）等。因此，产品经理先不要急着了解技术名词或编程语言，而是要先找一本软件工程的书籍进行阅读，了解一下软件到底是怎么一步步产生的。要特别指出的是，产品经理要理解面向对象的软件开发方法，产品经理使用的流程图、用例图等工具都体现了面向对象的思想，因此产品经理一定要找一本关于面向对象的书籍进行学习。

接下来我们来看一下 B 端产品经理需要了解哪些技术。我们在 1.2.2 节提到过 GitHub 上的一个技术学习的路线图，这个路线图用图表的方式列出了学习前端、后端技术开发步骤和涉及的技术。产品经理可以根据路线图了解每个技术的用途和概念，在脑海中形成一个技术的图谱。

如果产品经理想要学习好一门技术就要克服畏难的思想，就像学游泳一样，只有大胆入水，消除对水的恐惧，才能学会游泳。

产品经理可以多学习一些技术，为自己的技能锦上添花。比如，可以学习 SQL，从数据库中查询数据，便于自己做数据分析；也可以学习在数据分析、网络开发、机器学习等领域发挥作用的 Python，这样产品经理会对技术名词和编程过程有一个直观的感受。除此之外，产品经理还可以学习 HTML 和 CSS，了解网页上的元素是如何实现的，从而方便与设计师和网页工程师进行沟通。

最后，如果产品经理遇到了技术问题，就要多请教身边的技术同事，这样可以解决不少问题。产品经理使用程序员的工具可以拉近和他们的距离，如学会用 Markdown 写文档。

上述建议至少能让产品经理消除对技术的恐惧。

第 3 章

构建：B 端产品管理

你最不耐烦的客户是你最大的学习来源。

——比尔·盖茨

3.1　产品生命周期管理

B 端产品管理是一个非常重要的框架和概念，它能够指导产品经理用结构化的思维去思考产品。为了帮助大家更好地理解产品管理的知识，需要先引入一个概念——产品生命周期。

3.1.1　什么是产品生命周期

其实，产品生命周期（Product Lifecycle）的概念很好理解。产品生命周期的四个阶段分别是引入阶段（Introduction）、成长阶段（Growth）、成熟阶段（Maturity）、衰退阶段（Decline），如图 3-1 所示。

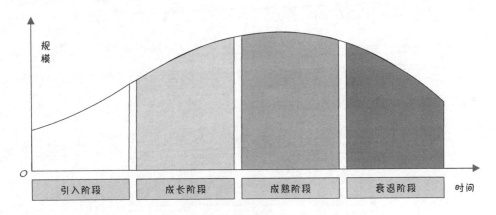

图 3-1　产品生命周期的四个阶段

♫　引入阶段：产品初次投入市场，等待市场的检验，并占领一定的市场份额。

♫　成长阶段：产品已经得到了一定的认可，需要进一步地增加市场份额。

♫　成熟阶段：产品已经趋于稳定，获取了稳定的市场份额和客户，通过节约成本等方法，持续带来收益。

♪ 衰退阶段：行业内出现全新的市场和技术，产品所处的市场开始萎缩，
需要减少现有产品的投入和成本，为产品退出市场做准备。

无论是面向市场的B端产品还是C端产品，都可以使用产品生命周期进行概括。
同时，面向企业内部的B端产品也适用于这套框架。

面向企业内部的B端产品的生命周期如下。

♪ 引入阶段：B端产品正式在企业内部部署成功并开始试用。

♪ 成长阶段：B端产品快速迭代，与使用者相适应。

♪ 成熟阶段：B端产品达到稳定，企业内部的使用者已经可以熟练操作，
产品不再进行大版本的迭代。

♪ 衰退阶段：企业出现新的变化，B端产品无法适应变化，企业开始考虑
迭代升级，为顺利切换做准备。

无论产品处于生命周期的哪个阶段，产品经理都要对产品进行管理。那么，接
下来我们就来看一下，产品生命周期与产品管理的关系。

3.1.2 生命周期中的产品管理

产品经理需要采取一系列的措施、手段和方法，让产品能够在对应的阶段生存
和发展。我们将这一系列的措施、手段和方法称为产品管理（Product
Management），如图3-2所示。

图 3-2 产品管理

产品经理进行产品管理的目的是让产品的生命足够长、成熟阶段的波峰足够
高，这样就能让产品保持足够大的市场份额和收益。为了达到这个目的，产品经理
在不同阶段会有不同的产品管理的关注点。

比如，在引入阶段，产品刚投入市场，产品的设想和价值假设需要产品的使用

者来验证。此时，产品经理需要关注使用者，快速捕捉反馈并修正产品。而在成长阶段，产品经理除了要关注早期的使用者，还要发掘其他潜在的使用者，增加产品的使用量和市场份额。除此之外，产品经理还要思考一些增加使用量的策略和方法。产品进入成熟阶段以后，竞争对手和市场份额相对稳定，产品经理在设计产品功能时要考虑降低成本。在产品的衰退阶段，产品经理需要找到产品衰退的关键点，并从中寻找新的创意和思路。

虽然不同阶段有不同的产品管理关注点，但是产品管理的框架是统一的。就像虽然每个人都会经历幼儿、青年、老年等多个阶段，但是人的骨骼框架是基本不变的一样。在这个统一的产品管理框架下，我们不断培养属于自己的产品技能。接下来，我们来看一看产品管理究竟包含什么。

客户生命周期和产品生命周期是一个概念吗？

高标：回川，在 B 端产品领域，还有一个客户生命周期，虽然我从名称上可以区分出来两者的不同，但是感觉它们之间存在一定的联系。

回川：你的感觉没错。客户生命周期（Customer Lifecycle）是一个非常重要的概念，特别是在 B 端产品的 SaaS 领域。客户生命周期是获知、购买、使用、放弃产品的一个过程，一般来说，重点关注客户获取、客户转化、客户留存、客户流失这四个阶段。产品经理可以通过关注客户生命周期，来提升 B 端产品的销量。由客户生命周期衍生出一个重要的产品销售指标——LTV，即一个客户在生命周期内为产品贡献的价值，理解客户生命周期可以更好地进行产品管理。

高标：好的，我明白了。

3.2　B 端产品管理

3.2.1　B 端产品管理的定义

通过上一节，我们了解到在产品生命周期的不同阶段，产品经理需要采取一系列的措施、手段和方法，让产品能够在对应的阶段生存和发展，我们将这一系列的措施、手段和方法称为产品管理。简单来说，产品管理就是产品经理为了给客户、用户、企业创造价值而在产品上进行的一系列的活动，如分析市场、制定产品路线图、撰写产品需求文档等。

如果大家还是觉得这些概念有些复杂，那么我们可以再简化一些来说，产品管理的两个方面分别是正确地打造产品和打造正确的产品，如图 3-3 所示。

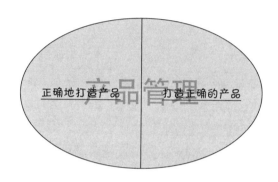

图 3-3　产品管理的两个方面

♂　正确地打造产品：产品经理及相关团队按照正确的流程和顺序，成功地打造出一款产品。

♂　打造正确的产品：产品经理及相关团队能够打造出符合客户需求、市场需求、能创造价值的产品。

在前面的章节中，我们已经分析过 B 端产品和 C 端产品的区别了。虽然无论是 B 端产品管理还是 C 端产品管理，产品经理都要从"正确地打造产品"和"打造正确的产品"两方面进行，但是 B 端产品管理还有自己的特点。

♂　B 端产品的客户与用户是分离的，B 端产品的决定购买者——客户和最终使用者——用户往往是不同的。客户会从公司和部门的角度来思考购买的 B 端产品是否有价值，而用户则会关注系统是否易用和高效。面对专家级的客户和用户，产品经理要在调研需求时进行区分。同时，产品经理在产品管理的整个阶段，不仅要关注产品使用流程和界面设计，还要关注业务规划和产品带来的价值。

♂　B 端产品的专业性和复杂性无处不在。B 端产品的专业性体现在每一个领域都有自己特有的解决方案，如供应链、财务等领域；B 端产品的复杂性体现在产品包含了多个流程、多个场景、多个角色。因此，在 B 端产品管理中，产品经理需要通过专业的工具和方法来了解和分析各种复杂的需求，并且能够将需求清晰明了地传递给技术、设计等团队。

♫ B 端产品的盈利需要营销团队的深度参与。面向市场的 B 端产品的付费客户数量比 C 端产品付费的客户数量少很多，而且价格灵活多变。因此，针对 B 端产品较长的销售时间，营销团队需要与客户进行深入的沟通和交流。同时，产品经理也要理解和关注整个产品的营销流程，与营销团队密切合作，关注营销指标。

根据 B 端产品管理的特点，形成了与之匹配的产品管理框架。接下来，我们先来看一下 B 端产品经理的工作流程。

3.2.2　B 端产品经理的工作流程

以做菜为例，我们把 B 端产品经理的工作比作厨师做菜，B 端产品经理就是筹划和实际操作的厨师，而那一桌子的菜就是 B 端产品经理规划设计出的产品。厨师定好的上菜顺序就是工作流程，而做菜的过程就是产品经理在每个阶段要做的活动，如设计原型、调研需求等。

我们来一点点地拆解，首先来搭建 B 端产品的工作流程。

在前面的章节中，我们达成了一个共识：B 端产品的本质是软件，B 端产品的知识很多来自软件工程。因此，我们先从软件工程的知识中总结一下 B 端产品的工作流程，B 端产品的工作流程是软件开发的工作流程，一般的软件开发流程包含五个步骤：业务分析、系统设计、实现、集成和部署、运行和维护。行业标准 COBIT 框架[1]中，规范了四个软件工作内容：规划与组织、获取与实现、交付与支持、监控。[2]

我们可以根据软件开发的工作流程，将 B 端产品经理的工作流程划分为五个阶段：规划、设计、研发、发布、监控，如图 3-4 所示。虽然 B 端产品管理来自软件工

---

[1] COBIT 框架（Control Objectives for Information and related Technology）是目前国际上通用的信息系统审计的标准，由信息系统审计与控制协会在 1996 年公布。这是一个国际公认的、权威的安全与信息技术管理和控制的标准。

[2] 麦斯阿瑟克：《需求分析与系统设计（第 3 版）》，机械工业出版社 2009 年版。

程，但是不拘泥于此，我们还要结合产品经理的知识。

图 3-4　B 端产品经理的工作流程

- 规划阶段：基于组织的目标和战略，获取并分析需求，规划 B 端产品的发展方向和路径。
- 设计阶段：基于需求和规划，设计产品信息架构、原型、交互、UI 方案等。
- 研发阶段：根据设计好的产品方案，设计技术实现方案并推动产品研发。
- 发布阶段：部署产品发布前的工作，制订培训计划，推动产品上线。
- 监控阶段：监控产品上线以后的效果，收集并分析用户反馈信息，形成新的需求。

在监控阶段，产品经理收集完反馈信息以后，将重新进入规划阶段，开始新的工作流程。整个工作流程是一个环形，并紧密前进。

以上就是 B 端产品管理中的产品经理的工作流程，它为产品经理指明了正确地做产品的方向。换句话说，产品经理按照这个工作流程做产品，不会出现南辕北辙的情况。虽然这个工作流程为产品经理提供了一个准确的方向，但是仅仅知道一个大流程是不够的，产品经理还需要了解更精确的知识，即在工作流程的每个阶段，产品经理要做什么。

3.2.3 B 端产品的用户体验

产品经理不仅要准确地知道做 B 端产品的一般流程，还要知道做 B 端产品的精确细节，产品经理需要具备用户体验和客户体验的知识。还以做菜为例，厨师可以找一个菜谱，菜谱会告诉厨师如何一步一步地把菜做出来，这个菜谱就是用户体验的知识。同时，无论做哪道菜，厨师都要保证其色香味俱全，这个"色香味"就是客户体验的知识。由此可见，B 端产品管理框架是由软件工程、用户体验和客户体验的知识组成的。只有具备了这些知识，产品经理才能在互联网时代的背景下，做出有特色的 B 端产品。

我们先来看一下，B 端产品管理框架中关于用户体验的知识。我们经常说 B 端产品不注重用户体验，其实这句话有点偏颇。用户体验不仅是指界面长得好看，还是对企业从战略到业务执行的关注和分析。这里借用《用户体验要素》已经划分好的结构：战略层>范围层>结构层>框架层>表现层[①]，对 B 端产品管理框架中的工作流程进行分层。将原书提出的提升用户体验的产品设计方法，归纳扩展为 B 端产品经理的工作层级。层级中的活动从抽象逐渐变得具体，从概念逐渐变为实践。为了方便大家理解，我们继续以做菜为例。

> ♫ **战略层**：B 端产品经理在这一层级主要关注的是目标。什么是目标？犹如黑夜中的灯光，虽然不知道前方的路途是怎样的，但是我们只要沿着灯光的方向前进，就不会有错。以做菜为例，产品经理在这一层级关注的是"吃饭"这个目标。

> ♫ **范围层**：B 端产品经理在这一层级关注的是实现目标的边界。比如，人饿了，吃饭是目标。然而，吃什么呢？中餐？西餐？这个时候，产品经理就需要界定范围和边界。只有有了边界，产品经理才能知道什么应该做、什么不应该做。

> ♫ **结构层**：B 端产品经理要在界定的边界内，勾勒出最终输出物的大体轮廓，列出要做的事情及事情之间的关系。比如，只要定好了做什么菜，产品经理就要知道准备什么食材和工具，同时也要知道它们的作用，如姜用来去腥、葱用来提味儿。

---

① 加瑞特：《用户体验要素：以用户为中心的产品设计》，机械工业出版社 2011 年版。

- 框架层：B 端产品经理要设计出具体的执行方案和路线图，它好比菜谱中的做菜顺序，厨师要按照步骤对食材进行烹饪。
- 表现层：此时，B 端产品经理关注的是最终的输出物——产品，这一层离用户最近，好比一锅香喷喷的美食即将出锅。

为了方便大家理解，我们先搭建一个 B 端产品管理框架的基本结构，如图 3-5 所示。在这个 B 端产品管理框架中，最基本的元素是活动，活动是指产品经理在工作中要做的事情。我们将这些活动按横向和纵向进行分类，横向是从软件工程的角度，将 B 端产品经理所做的活动按工作流程进行分类；纵向是从用户体验的角度，将这些活动从宏观到微观再进行一次分类。

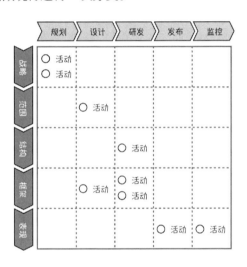

图 3-5　B 端产品管理框架的基本结构

我们将软件工程和用户体验结合在一起，初步形成了 B 端产品管理框架。然而，这个框架还不完整，B 端产品经理还需要关注客户体验的知识，因为 B 端产品的用户与客户是分离的。

3.2.4　B 端产品的客户体验

我们一直在以做菜为例讲述 B 端产品管理框架，B 端产品经理用"菜谱"——用户体验可以一步一步地搭建 B 端产品。可是，产品经理按照"菜谱"做成 B 端产品还不够，还要做好这个 B 端产品。做菜要讲究色香味俱全，客户体验就是 B 端产品

的 "色香味"，因此如果产品经理想要把 B 端产品做好，就一定要增加客户体验的知识。

客户体验（Customer Experience）是指在整个客户生命周期中，客户与企业的服务、产品、品牌等进行的每一次交互。比如，一个顾客想找一家饭店吃饭。顾客来到某饭店门口，首先看到的是这个饭店门口的招牌，这个招牌能否快速吸引顾客注意，这就产生了一次体验；进入这个饭店之后，服务员是否热情地接待顾客，这也产生了一次体验；除此之外，就餐过程中的菜品质量、服务体验，也是大家经常遇到的客户体验。

大家肯定看到了一个特殊的词汇——客户生命周期，理解生命周期的含义将有助于我们理解提升客户体验的重要性。我们要在 B 端产品这个大语境下来理解客户生命周期，客户生命周期跟产品生命周期类似，它也是一个框架，描述了客户获取、客户转化、客户留存、客户流失的各个阶段所经历的过程。与客户生命周期紧密相连的是销售行为，产品、研发、营销等团队一起协作，让客户的生命周期经历客户获取、客户转化、客户留存三个阶段，避免出现客户流失。我们结合 B 端产品销售的一般流程来看一下 B 端产品的客户生命周期，如图 3-6 所示。

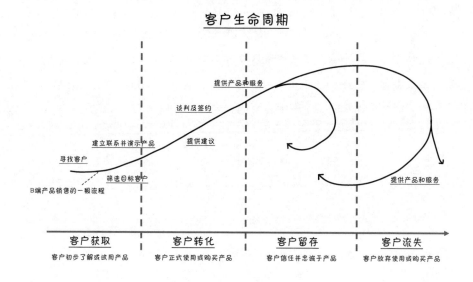

图 3-6　B 端产品的客户生命周期

在客户生命周期的各个阶段，各个部门和组织都在进行合作。虽然 B 端产品的市场团队从事市场管理的工作，销售团队从事销售管理的工作，产品团队从事产品管理的工作，但是所有团队的核心目标都是提升客户生命周期各个阶段的客户体验，即以客户体验为中心，如图 3-7 所示。因此，产品经理除了要专注于产品本身的内容，还要站在客户生命周期的角度来关注客户体验，与其他团队进行合作，把客户体验融入 B 端产品管理框架中。

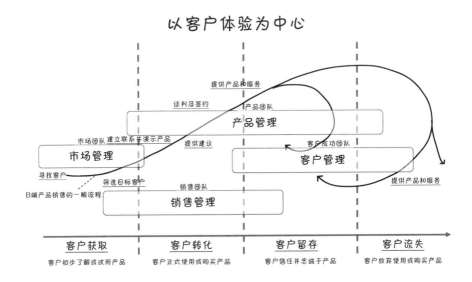

图 3-7　以客户体验为中心

客户体验领域有一个著名的客户体验金字塔①，它把客户体验从低到高拆分为三个要素：需求满足（Meets needs）、易用（Easy）、愉悦（Enjoyable）。根据客户体验的分级，我们把客户体验的要素引申为有用、简单、有吸引力，如图 3-8 所示。

图 3-8　客户体验的要素

---

① 哈雷·曼宁：《体验为王：伟大产品与公司的创生逻辑》，中信出版社 2014 年版。

♂ 有用：客户能够获取想要的价值。对于产品经理来说，产品要能够满足客户的使用需求。比如，我们设计了一款仓库生产系统，它能让货物从配货员手中发出仓库，可是系统经常出现问题，使生产过程中断，这就没有达到客户体验的基本要求。

♂ 简单：避免复杂，客户能够便捷地获取价值。产品经理设计产品时，在满足客户需求的基础上，要保证产品使用过程更加简单、高效。比如，我们可以设计一款仓库生产系统，来提高生产效率，减少每个操作员的生产时间。

♂ 有吸引力：在满足上面两个要素的基础上，能够让客户感到愉快、满足，从而吸引客户不断地使用产品并推荐给别人。这就要求 B 端产品经理有很强的同理心（Empathy）。比如，B 端产品经理能够及时回答客户的问题，敏锐地捕捉到客户需求，并帮助到客户。

客户体验的三要素——"有用、简单、有吸引力"应该是 B 端产品经理在产品管理中不断追求的目标。

用户体验与客户体验有什么区别？

高标：回川，用户体验和客户体验是一个概念吗？它们有什么区别呢？

回川：这两个词确实很相似。用户体验聚焦于产品本身的信息架构、视觉呈现、操作体验，因此它是关于产品本身设计过程的体验。而客户体验的范围更大一些，客户接触的产品、服务和涉及的广告、宣传材料、定价、售后服务等体验提升都是客户体验。因此，客户体验包含用户体验。产品经理在产品管理的过程中要兼顾用户体验和客户体验，从客户体验的角度了解与之相关的销售、售后、市场宣传等流程，从而更好地设计出产品。

高标：好的，我明白了。

客户体验设计与产品管理的关系是什么？

高标：回川，我也了解一些客户体验的知识，如客户旅程地图（Customer Journey Map）之类的方法。这些客户体验的工具和方法与产品管理有什么关系呢？

回川：这是一个好问题。实际上，这是客户体验设计与产品管理的关系。顾名思义，客户体验设计就是设计良好的客户体验的流程和方法。客户体验设计的一般流程是发现客户并对其进行分类—使用客户旅程地图描述并探索体验—分析和设计体验—实现并监控体验是否满足预期。虽然 B 端产品管理的流程与客户体验设计并不完全相等，但是两者目标相同——提升客户体验。因此，我们在 B 端产品管理框架中，融入了客户体验设计的方法。

高标：我明白了。这就是说客户体验设计和 B 端产品管理殊途同归，最终目标都是提升客户体验。

3.2.5　B 端产品管理框架

接下来为大家介绍一下 B 端产品管理框架，如图 3-9 所示，B 端产品管理框架是由软件工程、用户体验和客户体验的知识组成的。在此基础上，将最基本的元素——活动加入 B 端产品管理框架中。活动是指产品经理要做的事情，如调研市场、规划产品路线等。

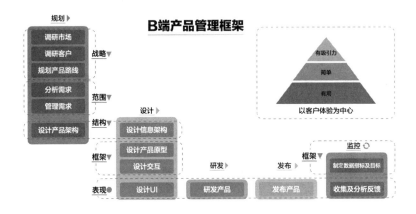

图 3-9　B 端产品管理框架

这些活动没有先后顺序，需要根据具体的场景进行组合。比如，设计产品原型和设计信息架构是可以同时进行的。区分活动的边界是为了让大家明确每个活动的具体内容是什么，同时告诉大家不是所有的活动都是由 B 端产品经理主导的，比如针对研发产品，B 端产品经理需要做的是协助和跟进。列出此类活动可以让产品经理明确整个产品的工作流程，防止在工作中遗漏内容，给自己"挖坑"。

在后面的章节中，我将详细地介绍每个阶段、每个活动的具体内容。

在本章，我们从产品经理的角度梳理了 B 端产品管理框架，了解了 B 端产品经理的工作，也知道了 B 端产品经理是如何一步步做出 B 端产品的。

第 4 章

起步：以精益思想为产品方法

简单地说，精益思想就是精益，因为它提供了以更少资源来做更多事情的方法。它令你越来越接近客户，向他们提供真正想要的东西的同时，只需花更少的人力、更少的设备、更少的时间和空间。

——詹姆斯 P. 沃麦科、丹尼尔 T. 琼斯《精益思想》

4.1 精益：看不见的角落，更要有光

4.1.1 Zendesk 的故事

先给大家讲一个"在看不见的角落，点亮一束光"的故事。

20 世纪 90 年代，互联网作为朝阳行业，蓬勃发展。许多互联网公司都演绎着创业传奇，其中包括一家丹麦的门户网站公司——卡普特。它的创始人是米克尔·斯瓦内——一位具有商科背景的小伙子。米克尔·斯瓦内在互联网发展鼎盛之时，去美国"取经"，将互联网思维带回丹麦，创立了卡普特，并被当地一家报社收购了，这令他风光无限。

然而，在 2001 年，互联网泡沫被刺破了，随之而来的是无数公司的倒闭，米克尔·斯瓦内的公司也未能幸免。这种糟糕的境遇使他不得不为生计发愁，他并没有气馁，而是在一家为客户提供客服软件和解决方案的大型公司，找到了一份负责销售及培训客户使用软件的工作。此时，米克尔·斯瓦内无意间进入了 B 端产品行业，这为他再次创业开启了一扇门。

依靠产品经理的直觉，米克尔·斯瓦内发现客服行业存在很多问题。首先，企业在购买、培训使用客服软件上花费巨大，然而客服作为成本部门处于公司底层，往往不受重视，企业不愿意投入资金。即使企业买入了复杂的客服软件，不投入精力去培训和使用，也不能发挥效力。

再者，当时整个软件行业的销售模式非常落后。企业采购软件的决策者不是真正的使用者，软件公司要削减先进功能来降低软件采购成本，以留住决策者。最终，使用者不得不面对复杂和烦琐的软件，而不能高效地工作。

最后，米克尔·斯瓦内发现即使按照上述流程，客服软件在一家公司落地也至

少需要 1 年的时间，这对企业管理和运营极具破坏性。

问题就是痛点，痛点就是机会。米克尔·斯瓦内决定再次创业，以精益的方式创建了一家只有 3 个人的公司，构建了一个不用销售宣讲、可以自由选择功能进行购买、用户体验优良的客服产品——Zendesk。

2007 年，极具颠覆性的客服产品 Zendesk 诞生了，它是在网上搭建的一个客服平台，简单易用，整合即时聊天、邮件、电话等多种沟通方式，可以满足各类公司的核心业务。Zendesk 以传统软件价格的 20%，向客户提供 80% 的功能，它让小公司也可以使用之前价格昂贵的客服产品。同时，Zendesk 也不需要销售人员，任何人都可以到网站体验试用，然后再决定是否购买。

Zendesk 以精益产品的优势，为 Twitter、索尼等大公司提供客服产品，并于 2014 年在美国成功上市，市值一度达到 27 亿美金[1]。

精益——正如故事中提到的那样，以最小的资源为用户提供更有价值的产品。面对资源稀缺的事实，产品经理必定需要精益思想去整合资源做事情。特别是 B 端产品经理为企业级用户设计产品时，需要深入了解商业和企业的运行逻辑，面对复杂的需求和有限的资源，更加需要精益的思想来设计产品为战略服务。

这本书也是希望能够使用精益思想，将 20% 最有价值的设计产品的方法传递给读者，并让读者能够快速应用，而不是大而全地进行介绍。

4.1.2　精益下的产品思维：D×V×F>R

如何做出一个靠谱的产品？什么是产品思维？我们先来看一个能帮助产品经理做出靠谱产品的指导思想：变革公式——不满情绪（Dissatisfaction）×变革愿景（Vision）×初步实践（First Step）>变革阻力（Resistance），简化为 D×V×F>R[2]。

使用变革公式的目的是战胜变革阻力的因素，这些阻力因素由"对现状的不满、对变革的期盼、愿意迈出明确可行的第一步"组成。在使用变革公式时，如果其中某个因素没有做到，即这一因素为零，那么就意味着战胜变革阻力的因素小于变革阻力，最终导致变革失败。

---

① 米克尔·斯瓦内：《创业，从一个小目标开始》，中信出版社 2016 年版。
② 此理论由 Richard Beckhard 和 Reuben T Harris 在 1987 年提出，应用于组织管理的领域。

产品经理思考产品需求是在推动变革，也是在创新。如果我们将公式中的三个因素进行引申，就会得到以下公式。

痛点（D）× 收益（V）× 明确、可行、简单的第一步（F）> 维持现状（R）[①]

1．痛点

痛点已经成为互联网的标准词语。好的需求犹如根治病痛的良药，探索 B 端产品需求更容易发现客户的痛点，因为产品经理离客户很近，通过客户调研基本上就可以掌握痛点了。

2．收益

收益是投入资源以后获得的成果，评估需求必须面向最终的成果。产品经理需要思考的是需求实现以后转化为功能的收益，这个收益是可以量化的，即提升了多少、降低了多少。

更为关键的是需求能改变用户的行为。有些需求上线以后，客户并不使用，而是采用原来的工作方式。比如，系统中的报表需求，如果客户不使用报表的数据进行决策，而是使用报表中的功能来导出数据，再使用 Excel 进行分析，那么这个产品需求得到的收益就会很低。

3．明确、可行、简单的第一步

如果产品需求明确是客户的痛点，而且也会得到很高的收益，那么产品经理就需要考虑投入的成本和产品方案的可行性了，以下公式[②]可供大家参考。

$$需求可行性 = \frac{需求的当前价值 + 未来价值}{需求的实现成本 + 维护成本}$$

[①] 作者注：此公式的灵感来自《跃迁：成为高手的技术》，原文是"换个互联网创业的思维—— 在产品经理这儿，这三个要素叫作'痛点（D）''价值点（V）'和'指示清晰简单（F）'，抓住这三个要素能有力推动人们尝试原来不会尝试的东西"。古典：《跃迁：成为高手的技术》，中信出版社 2017 年版。

[②] 此公式来自《简约之美：软件设计之道》。**Max Kanat-Alexander**：《简约之美：软件设计之道》，人民邮电出版社 2010 年版。

这个公式指出：评估做一个需求的成本，不仅要考虑开发实现的成本，还要考虑实现之后维护的成本。比如，开发某个需求只需要一天的时间，而上线之后需要连续一个月的时间不断地维护，这种解决方案就需要产品经理重新思考评估。一般这种场景出现时，功能模块会混合很多业务判断逻辑。

此外，在考虑需求的"明确、可行、简单的第一步"时，产品经理要树立提供可执行方案的意识，而不是简单地提供"一句话需求"，如"总部人员能够监控库存变化"这类的需求。如果把这类需求传递给研发同事，那么想必对方一定会很焦躁。虽然这个例子可能有些极端，但是产品经理要知道，自己所提供的产品方案是投入资源立刻就可以开发的。如果方案不能变成启动的第一步，那就说明产品经理提供的方案还不够产品化，仅仅是一个概念而已。

最后，产品要简单。根据 KISS（Keep It Simple，Stupid）原则，产品经理要思考出简单的可行性方案，方案简单就可以快速地迭代。因此，产品经理在遇到多个方案而无法抉择时，请选择最简单的方案。

4．维持现状

维持现状可能是一个我们不太愿意见到的词，查理·芒格在《穷查理宝典》中说过："要知道我会死在哪里就好啦，我将永远不去那个地方。"这就是说，在遇到问题时，我们可以反向思考。

产品经理收到需求以后，不一定马上把它们都实现。那些不需要马上实现的需求，可以暂时维持现状。此时，大家心中应该已经对"维持现状"的需求有了对应的标准：客户对这个需求的痛点感觉不强烈，收益不高或没有明确、可行、简单的方案。只要满足其中一点，这个产品需求就可以暂时维持现状。

如果产品经理只了解了客户的痛点和困难，就只是具备了产品经理的基本素质——同理心；如果产品经理在了解痛点的基础上，只发现了解决问题的收益，就证明这个产品经理是一个有远见的空想家；如果产品经理不是坐而论道，而是探索出了明确、可行、简单的第一步，就证明他已经具备改变现状的产品思维了。

了解了什么是产品思维，接下来为大家介绍一下精益的基本理念。

4.2　精益思想：打造产品经理的心智模式

产品经理是解决问题的人，精益思想是解决问题的工具。

这里提到的精益理念，并不是对精益思想的概念解释，而是将精益与实际工作结合在一起总结出的经验。

精益理念是一种心智模式。什么是心智模式[①]？它是人们对周围事物的一般化理解。举一个例子，精益的理念兴起于日本的汽车制造业，他们采用准时化（JIT）的生产方式，降低成本、提升质量，不断占领美国市场。当时，美国汽车企业固守着原有的心智模式，认为美国消费者只关注汽车款式，而不关心成本和油耗。因此，当美国管理者参观日本工厂时，他们觉得这是一个"假"工厂，跟他们理解的工厂是不一样的。

心智模式是理解周围事物的方式，产品经理逐渐理解和接受这种心智模式，即精益理念，有助于理解 B 端产品，至少不会让自己的心智模式成为工作中的"绊脚石"。

大道至简，这些理念并不是长篇大论，而是寥寥数语。解决问题的终极方法都是那些朴素的道理和常识，然而常识并不常用，产品经理要在工作中不断实践，将其训练为一种解决问题的条件反射，形成一种属于自己的心智模式。

- 理念 1：快

《精益创业》中的 MVP 思路，就强调了"快"。为什么要快呢？

以物流领域中权衡系统成本与效率的问题为例，物流业务的核心关注点是流速、流量、存量。处理成本和效率的关系的主要方法是让系统快速地运转起来，提升效率、降低成本，效率的提升是流速、流量、存量得到优化的必然结果。

快，是成本与效率关系的解决之道。

- 理念 2：流动产生价值

有句俗语：不怕慢，就怕停。

如果河流淤塞，就会腐臭；如果食物长期搁置，就会发霉变质；如果卖不出去

---

① 心智模式来自《系统之美》。德内拉·梅多斯：《系统之美》，浙江人民出版社 2012 年版。

的货物堆放在一起，就会变成呆滞库存，成为不断消耗的成本；如果不经常打扫的角落越来越脏，人们就越不想打扫。

做需求、做产品也一样，如果长时间没有开发需求，就慢慢变得不实用。因此，产品经理需要定期回顾它们的价值或重新设计。

- 理念 3：KISS 原则

这是美国飞机设计部门的名言。当飞机设计师们为某个方案争论不休时，就会搬出 KISS 原则，采用最简单的方案。

在产品设计中，产品经理经常面对不同的方案举棋不定，或者为复杂流程的产品方案而苦恼。这个时候，选取简单的产品方案或简化产品方案，可能是产品经理的最优选项。

结构简单的系统，往往是可靠的。AK-47 突击步枪在世界畅销的原因是，它结构简单、坚实耐用、故障率低、造价低廉、适应各种作战环境。

- 理念 4：处在联系中的事物，才能被简化

简化并不是减少，纯粹地砍掉功能不是简化。飞机设计界有一句名言——为减轻飞机每一克重量而奋斗。如果飞机重量减轻了，飞机油耗就会减小、成本也会降低。如果去掉一个极少使用的功能可以使飞机重量减轻，那么大部分人应该是同意去掉的。然而，如果这个功能是飞机防止功能失效后的备用安全系统，那么我们还会同意去掉吗？

处在联系中的事物，将需要简化的部分在系统中进行了转移。

举一个惠普打印机的例子[1]。惠普的打印机业务遍布世界各地，因此打印机的电源要与各国适配。然而，全球打印机的销量预测不会绝对准确，这就导致一些国家的打印机卖断货，而一些国家的打印机滞销在仓库。由于电源的问题，打印机不能马上调拨过去，需要费钱、费时去改装。因此，惠普公司简化生产流程，打印机在销往当地以后，再到客户的公司去适配电源。这样虽然使打印机的售后环节变得复杂，但是节约了总成本。

---

[1] Mary Poppendieck：《敏捷软件开发工具——精益开发方法》，清华大学出版社 2004 年版。

- 理念 **5**：不"害人"的需求，不是完整的需求

通过惠普公司的案例，我们可以看出将适配电源的工作转移至售后环节，会使售后工作变得复杂。

软件领域的大师 Gerald M. Weinberg 在《探索需求》①中提到 Veblen 原理：无论多坏的改变，都会使一些人受益；无论多好的改变，都会使一些人受损。

在实际工作中，需求的提出者可能是需求的受益者，可是产品经理也要关注需求的受害者。换句话说，产品经理要尽可能地考虑更多的角色，比如在一个需求中谁会受益、谁会受损、谁被友好地对待、谁受到了冷落。当然，这可能让很多的角色被考虑。然而，有些角色注定要被忽略，如公交专用车道的设计就会损失私家车的利益。因此，产品经理在设计规则时要多角度地考虑受益和受损的角色。

- 理念 **6**：化散乱为规律，化应急为预测

与需求相关的工作就像工厂生产，根据市场和销量来预测每天的产能。在机器生产中，如果不能很好地预测，就会产生急停骤动的情况，急停骤动是最损坏机器的。

如果没有预测，产品经理就会四处"救火"，随时应对出现的问题。因此，学会预测是产品经理的必备技能。

- 理念 **7**：只可图示，不可言传

产品经理使工作或需求可视化是高效沟通、避免犯错的好方法。

一图胜千言，有些需求与其写一个三千字的文档，不如画一个流程图说得明白；有些沟通与其大家都站着动嘴，不如画出问题所在。

在设计产品时，用看板的方式展示需求的状态，更容易直观地发现问题。

举一个有意思的例子——"恶魔岛的厨房刀具"，如图 4-1 所示。在美国关押重刑犯的监狱——"恶魔岛"，为了防止危险的罪犯偷窃厨房刀具，就将刀具有序地悬挂出来。道具是否被偷，一目了然。

---

① 唐纳德·高斯、杰拉尔德·温伯格：《探索需求：设计前的质量》，清华大学出版社 2004 年版。

图 4-1 "恶魔岛"的厨房刀具

- **理念 8：让公路排满车，就是堵车**

我们都知道，满负荷工作的机器也需要休息。

产品经理在工作中可能希望团队资源满负荷地运转，然而我们用生活中的例子思考一下：当路上的车很少时，这条路会非常畅通；当路上的车很多时，这条路就会非常拥堵。

史蒂芬·柯维在《高效能人士的七个习惯》中指出：要将工作的焦点逐步转移到重要、不紧急的事情上。

总是做迫在眉睫的事情，会让人丧失目标。产品经理应该留出一些时间去思考一些重要、不紧急的事情，而不要一直做迫在眉睫的事情，个人或团队都要如此。

- **理念 9：目标明确的战士，即使身陷重围，也会向着胜利而奋斗**

只有聚焦目标才会带来明确的结果。产品经理在做产品时，如果想讨好所有的客户，就会分散目标，最终做出一个平庸的产品。

第二次世界大战时，在太平洋海战中的瓜岛海战中，日军在作战计划中制定了三个同时要完成的目标：①消灭美军航母，②消灭瓜岛上的美军机场，③掩护日军登陆瓜岛。然而，当时的日军航母并不占优势，无论完成哪个目标都极为困难。最后，日军用瓜岛海战的失败证明了制定多个目标是作茧自缚。[1]

资源总是稀缺的，产品经理只有聚焦目标，才能利用有限的资源，实现预期的效果。

---

① 俞天任：《浩瀚大洋是赌场》，东方出版社 2013 年版。

- **理念 10：持续改进，不忘初心**

做出的第一个产品方案肯定不会是最终方案，产品经理需要不断地对其进行优化。

丰田公司的口号是每天提升 1%。丰田公司通过不断地提升质量和生产效率，实现了精益生产。

在持续优化和改善产品的过程中，产品经理也要不断地回顾最初的目标，防止跑偏。我们都知道"温水煮青蛙"的故事，换成系统论的名词就是"目标侵蚀"[1]。

以减肥为例，某人最初定下的目标是减去 10 斤。在执行的过程中，他发现禁不住食物的诱惑，就把目标改成了减去 8 斤。后来，他又发现每天高强度的锻炼太累，就把目标改成了减去 6 斤……于是，目标一步一步萎缩。

产品经理在工作中会接触各种各样的限制，一定要时常回顾自己的目标，防止目标侵蚀。

- **理念 11：细节体现专业性**

细节是魔鬼，只有不断细分，才能体现产品的专业性。

例如，在地图领域，如何体现导航产品的专业性呢？可以在不同的驾驶场景下，给司机不同的导航方案。比如，在司机上高架桥时，地图导航能给出在匝道上行驶的方案；在途经多个路口时，地图导航能给出路口放大图来指引行驶方向。

- **理念 12：不要造永动机**

著名飞机设计师——程不时曾这样谈永动机：如果你只从细节上看，那么这里每一种设计都有一定的道理，都有其巧妙之处，但在总体上却是荒唐的、错误的、不能实现的。[2]

产品经理要从整体思考产品，不要只陷入细节优化。就像一支球队，如果只重视进攻，而忽视防守，就必然被对手抓住弱点。

- **理念 13：先准确，后精确**

产品经理在探寻需求时，要先力求需求准确，然后在此基础上精确地探寻需求。那么，准确和精确的区别是什么呢？

---

[1] 德内拉·梅多斯：《系统之美：决策者的系统思考》，浙江人民出版社 2012 年版。
[2] 程不时：《天高歌长——我的飞机设计师生涯》，上海人民出版社 2004 年版。

比如，问你一个问题，从家到公司大概需要多长时间？你回答大概需要 30 分钟，这就是一个准确的答案。如果继续问你，到底需要多长时间？你可能回答 27 分 26 秒，这就是一个精确的答案。

产品经理探寻需求就是在探寻准确和精确的答案。产品经理需要先把握需求的准确方向，然后深入探寻精确的细节。我们以射击打靶为例来看一下准确和精确的区别，如图 4-2 所示。10 环是打靶的目标，如果子弹分布在 10 环、9 环、8 环，可以说准确但不精确。如果把子弹全部集中射击在 1 环，这就出现了精确但不准确的情况，显然是有些糟糕的。

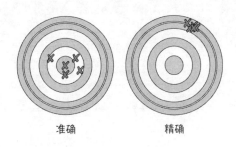

准确　　　　　精确

图 4-2　准确和精确的区别

- **理念 14：先完成，再完美**

在日常的工作中，产品经理经常会遇到一些棘手或没有什么思绪的工作。比如，调研一个完全没有接触过的业务。也许，产品经理会为如何做好这件事而犯难，实际上应该先完成这件事，然后尽可能地做好这件事。就像用 MVP 的方式做产品一样，用最小的、可实现的方式，做出这个产品。而不是毕其功于一役，一次性地将任务完成好，完美本身就是需要循序渐进的。

- **理念 15：想走快，一个人走；想走远，一群人走**

产品经理需要与其他人密切合作，如果只是完成自己的本职工作是远远不够的。产品经理只有与所有相关团队一起协作，才能让产品变得更加成功。

- **理念 16：产品设计关乎时间，产品管理关乎时机**

产品经理的产品设计过程是分先后顺序的，比如先做调研、后做产品原型设计等。产品经理只要掌握一定的技巧，按照一定的顺序把动作做对即可。而产品管理则需要产品经理考虑产品的时机，综合思考产品成功或失败的各种可能性，在合适的时机投入资源让产品获得成功。因此，产品经理必须具备产品管理的能力。

第二部分

构建 B 端产品

在第一部分，我们一起构建了 B 端产品管理框架的工作路线图。

接下来，我们就一起沿着路线图来构建 B 端产品，挖掘知识宝藏。

我们带着问题踏上征程，去探索产品经理这个行业的无限乐趣。

B 端产品经理如何将概念落地为产品？

如何拆解逻辑复杂的 B 端产品？

如何清晰地将需求传递给业务人员和研发人员？

如何高效地输出 B 端产品原型？

......

第 5 章

规划阶段：产品设计的开始

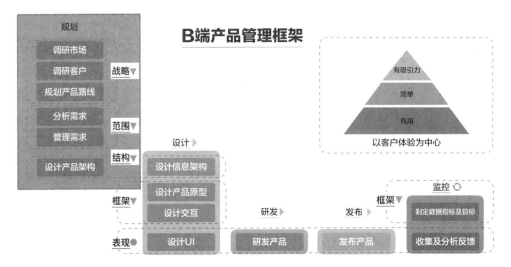

在你规划行动方案之前，一定记得先问自己：有什么事情我如果"今天"做了，可以让"明天"更好，或者至少让"明天"不会更糟。

——安迪·格鲁夫《格鲁夫给经理人的第一课》

B 端产品经理要从规划阶段开始设计 B 端产品。在规划阶段，B 端产品经理要开展市场调研、客户调研、产品路线规划、需求分析、需求管理等活动，这些活动分布在战略层和范围层。产品经理在规划阶段所做的事情，将为整体的 B 端产品设计指引方向。

5.1　调研市场：如何找到 B 端竞品

5.1.1　调研市场：让产品匹配市场

做市场调研的目的是让 B 端产品经理能够做出符合市场要求的产品。调研市场的基本活动是分析和确定市场、了解竞争对手、找到目标客户。基于调研市场的成果，B 端产品经理会思考处在当前目标客户、竞争对手、商业环境下的市场，从战略角度来评估自己设计的 B 端产品是否能够成功。

因为 B 端产品的购买和决策流程复杂，少数的客户能为 B 端产品创造大量的价值，所以 B 端产品经理需要了解更为明确的调研市场的方法。

B 端产品经理要有一个调研市场的思考框架，如图 5-1 所示。

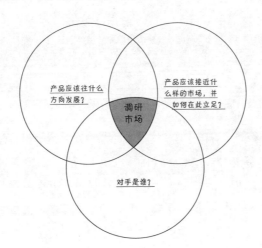

图 5-1 调研市场的思考框架

♪ 产品应该往什么方向发展？这需要 B 端产品经理对行业趋势有所了解和判断，比如产业互联网的兴起。B 端产品经理要关注 B 端内的各种研讨会、峰会和研究报告。

♪ 产品应该接近什么样的市场，并如何在此立足？B 端产品经理需要找到能够获取收益的市场并对市场规模进行判断，找到潜在的客户，还要对风险和机会进行评估。

面对 C 端客户，产品经理可以通过大数据、访谈等方式，创建客户画像，从而更好地理解产品的客户是谁。而面对少量而高价值的 B 端客户，产品经理需要通过深入的调研和访谈来了解客户。B 端客户往往是专家级的客户，对公司业务及业务流程非常了解。产品经理需要了解购买的决策者是谁，以及他们在 B 端业务上的痛点有哪些、业务目标有哪些，思考自己的 B 端产品是否能够解决他们的问题。

♪ 对手是谁？这指的就是我们熟悉的竞品分析。竞品分析能让产品经理非常直观地了解产品和市场，B 端竞品分析的具体做法将在 5.1.2 节为大家介绍。

B 端产品经理可以依照上述思维框架，进行市场调研。

产品经理如何写市场需求文档（Market Requirements Documents，MRD）？

高标：回川，产品经理做完市场调研以后，是不是要输出市场需求文档呢？

回川：如果我们按照以终为始的思路来看，确实如此，可是我们在前面一直强调，B端产品与营销团队是密切相关的。营销团队的知识领域包含了产品、市场、销售的相关知识体系，市场需求文档本身带有营销和销售的功能，因此写市场需求文档也是营销团队的职责，也就是说存在市场需求文档由 B 端产品经理和营销团队共同完成的情况。比写市场需求文档更重要的是 B 端产品经理要掌握分析市场需求的思路和框架。

回川：市场需求文档以描述市场为主，我们来看一下市场需求文档包含的内容，如图 5-2 所示。市场需求文档既可以体现新产品的市场需求，又可以体现现有产品的市场需求。呈现的内容和形式尽量保持简洁，毕竟这是一份侧重于指导的文件。有的公司会把功能的细节也列入市场需求文档，我建议不要把市场需求文档和产品需求文档混淆在一起，否则会使文档过于庞杂。比如，在市场需求文档中可以写"客户希望系统有高效出库功能"，但是不用在文档中罗列怎样实现出库功能的细节。

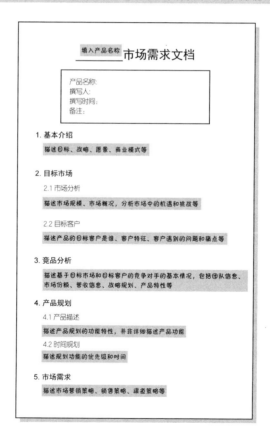

图 5-2　市场需求文档包含的内容

回川：最后，我还想讲一点。市场需求文档是以描述和分析市场与客户为主的文档，谁来写和谁来看的角色混合了产品和营销团队。因此，从 B 端产品经理的角度出发，我们更要理解市场需求文档的结构和思路，把它应用到产品路线图中。

高标：应用到产品路线图中？

回川：是的，我会在后面进行介绍。

5.1.2　竞品分析：调研市场的必经之路

想要调研市场、了解行业的发展动态，最好的方式就是调研竞品。

然而，B 端产品经理有一个痛点，那就是很难找到竞品。B 端产品不像 C 端产品那样可以从应用市场里找到竞品，或者有大量的测评及行业文章，B 端产品经理找竞品需要从各个角落寻找、整理信息。

那么，B 端产品经理如何获得竞品调研的信息呢？可以从以下方面入手。

第一，明确目的和竞争对手。B 端产品经理要想清楚自己要查询的信息，定好方向再起步。B 端产品经理首先要确认自己的竞争对手是谁，然后可以从 FinancesOnline、G2、Capterra 等类似于软件大众点评的网站中了解自己所关注的领域存在哪些公司和产品，并从中找到自己感兴趣的信息。

第二，与业务部门的同事进行沟通。B 端产品的需求大部分来自业务，业务部门的同事基本上都用过所在领域的其他 B 端产品。B 端产品经理可以问一问这些产品的名称和特点，还可以去官网搜索一下这些产品的信息。

第三，从竞品官网获取信息。从竞品官网能够获取很多有用的信息，如产品的优势和特性、产品的试用方式，以及产品的说明书等。另外，B 端产品经理还可以了解一下竞品团队的规模和组成、最近招聘的职位，以及竞品目前的规划和方向。

第四，了解专有名词。大部分 B 端产品都可以追溯到传统软件领域，这就带来了一个好处：可积累大量专业术语和专有名词，如 ERP（企业资源计划）、WMS（仓储管理系统）。B 端产品经理通过搜索这些专有名词，也可以找到一些有用的资料。

第五，搜索信息的渠道。百度和谷歌肯定是首选渠道，在知乎和简书上也能找到一些文章。除此之外，论文网站也是不错的渠道，如知网、万方等网站。

以上途径可以帮助 B 端产品经理查找竞品信息，竞品分析是一个长期监控的过程，产品经理需要不断地了解竞品的动态，带着以下问题去查找竞品信息。

♫ 他们的产品是什么？

♫ 他们的公司是什么样的？（员工人数、管理层履历、融资情况等）

♫ 他们产品的优势是什么？

♫ 他们产品的劣势是什么？

♫ 他们的目标市场和目标客户是什么？

♫ 他们是如何获取客户的？（销售策略、定价策略、获客渠道等）

♫ 他们有何增长计划？（发展规划、战略等）

♫ 我们如何超越他们？

这里要说明的是，竞品分析并不能代替产品未来的发展路线，真正推动 B 端产品发展的动力是客户的声音。

总结：调研市场

- 在这个活动中，产品经理需要做什么？

分析产品可能存在的机会和盈利点，获取行业经验和方向。

- 做活动之前要准备什么？

第一，产品创意。一些关于产品的点子和想法。

第二，行业信息。搜集到的竞品信息和行业的发展状况。

- 有哪些工具或方法？

第一，商业模式画布。

第二，SWOT 分析。

第三，竞品分析。

- 在活动结束以后得到了什么？

第一，竞品分析报告。报告应该包括行业的发展状况、有哪些竞品、竞品的使用者、自己的产品与竞品之间的比较、通过分析得到的结论和信息等。

第二，市场需求文档。文档应该包含产品创意产生的背景、产品或解决方案的介绍、产品规划、产品成本、产品收益、产品风险等。

- 产品经理还要关注什么？

如果产品经理刚入行，那就可以先忽略商业模式，重点做竞品分析，毕竟做好产品才是关键。

5.2　调研客户：倾听客户的声音

无论 B 端产品面向市场还是面向企业内部，产品经理都要关注"客户究竟想要什么"。因此，B 端产品经理要思考如何对自己的客户进行调研，无论这个客户是来自企业内部，还是来自市场。

产品经理调研客户并不是为了从他们口中得到答案。比如，客户说想要一个高效的物流系统，可是产品经理再细致地询问他们时，由于职位、视野等因素的影响，他们也说不清楚自己到底想要一个什么样的系统。这时，产品经理要尽可能地对客户进行调查，并获取有用的信息。

5.2.1　勾画调研客户的地图

如果产品经理想要了解一个业务、一个产品或一个客户的基本思路，就要按照从高到低、从宏观到微观的顺序去了解。产品经理在为客户设计一款 B 端产品时，首先要对客户进行调研。在调研之前，产品经理要先明确客户所处的公司和业务环境，只有这样才能做到心中有数。

首先，产品经理要明确一个基本思路，公司的战略规划会直接影响一家公司的组织结构、业务流程、技术积累等。产品经理可以从公司的愿景、战略、组织结构等角度来了解客户，同时可以分析出最高优先级的需求。

战略规划最终会影响客户所在公司的环境，从而形成调研客户的脉络，如图 5-3 所示。在一个大的战略规划下，公司会形成不同且各自独立的组织结构，这些组织结构被不同的业务串联在一起。而 B 端产品经理所负责的产品，就是整个组织结构中的基础元素。公司中的不同业务线，根据战略规划存在着不同的优先级。不同的组织结构为了实现公司级别的战略规划，制定了属于自己的战略目标。

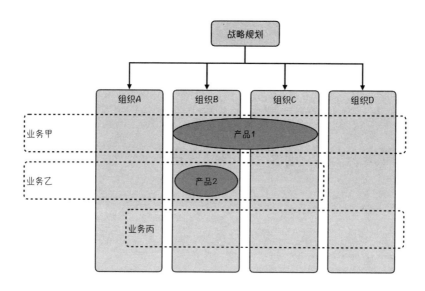

图 5-3　调研客户的脉络

我们通过以上内容可以看出，B 端产品经理要从战略规划、组织、业务、产品的层面对客户进行深入的了解。B 端产品经理不仅要了解上述信息，还要了解从哪些维度去了解这些信息。下面为大家介绍一下 POPT 模型①，如图 5-4 所示，帮助大家了解这些信息。

图 5-4　POPT 模型

———————————

① POPT 模型是业务分析领域的重要方法，有时也被称为 POPIT 模型。

♪ 人员：哪些人员参与其中。比如，公司服务的目标客户有哪些，与此相关的员工有哪些。

♪ 组织：公司的组织结构、角色和职责。比如，客户的公司由哪些部门组成，这些部门都是做什么的。

♪ 流程：业务开展的流程。比如，业务流程是怎样的，有哪些人员参与其中，业务提供了哪些价值。

♪ 技术：为支持业务而采用的软件或硬件。比如，客户的公司使用了哪些软件和什么样的硬件设备等。

B 端产品经理可以从人员、组织、流程、技术的维度来对客户进行了解。因为企业内部的 B 端产品经理与调研的客户在同一家公司工作，所以企业层的信息并不难获取。而面向市场的 B 端产品经理面对的是陌生的企业客户，因此需要借助营销团队同客户所在公司的管理层建立联系，从而更好地获取相关信息。

如何从实践的角度，勾画出调研客户的地图？

高标：回川，我遇到了这样的一个案例。某物流公司在家电运输领域占据重要的地位，它计划在今年占领西南地区 25% 的市场份额，并计划打造行业领先的智慧物流。为了实现这样的计划，公司的组织结构包含了物流部、销售部、客服部、财务部等，并且公司想为物流部打造一个物流系统，从而拉动其他部门的沟通。那么，我应该如何进行客户调研呢？

回川：你首先要思考客户所在公司的环境，如图 5-5 所示，此图已经分析出了战略规划、业务、组织和产品。接下来，你就要运用 POPT 模型调研客户的信息。比如，在战略规划层面，你要了解是公司哪些高级管理者提出了智慧物流的战略；在组织层面，你要了解物流部、销售部等部门的关系是什么，在这项战略规划中的定位是什么。除此之外，你还要思考，从过程角度、宏观角度出发这家公司计划打造什么样的智慧物流，如有没有业务的框架图或文档。从技术角度来看，你可以找研发人员协助你，一起分析为了实现智慧物流计划应采用什么样的技术，如是否需要采购机器人管理、是否使用人工智能技术等。你可以按照这个思路，继续分析业务、组织和产品。

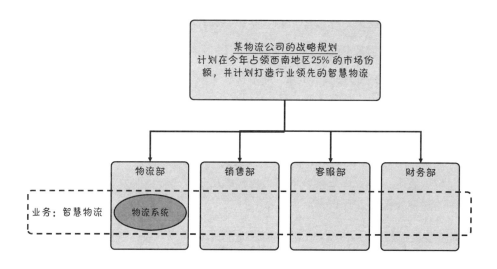

图 5-5　客户所在公司的环境

> 回川：当然，我一直在强调理解知识的本源，调研客户的知识主要来自业务分析。你可以再了解一些项目管理中项目集和项目组合管理的知识，这样更有助于你了解战略规划、业务、组织和产品的关系。

5.2.2　与利益相关者打交道

客户调研最根本的就是和客户打交道。做客户调研有许多现成的方法，如问卷调查、访谈、焦点小组等，也有许多资料供 B 端产品经理学习。除此之外，在和客户打交道时，B 端产品经理要关注一个非常重要的切入点，那就是利益相关者（Stakeholder）。

利益相关者是与 B 端产品有直接或间接联系的人。比如，研发人员非常关注产品经理提出的需求，因为需求直接影响研发人员的工作量。再比如，使用物流系统的仓库管理人员非常关注产品的功能，因为功能影响他们的工作效率和学习成本。不同的利益相关者会从不同的角度，向产品经理提供信息，从而影响产品。

从企业的角度进行划分，利益相关者一般分为内部利益相关者和外部利益相关者，如图 5-6 所示。

内部利益相关者	外部利益相关者
• 发起人：B端产品经理为客户搭建产品时，会有一个发起人的角色，他们是产品搭建完成以后的直接受益者，对B端产品是否成功有话语权。对于这样的客户，B端产品经理要重点跟进。 • 业务负责人：B端产品会整合和体现他们的业务流程，产品的实现也会直接影响他们的业务流程。比如，电商领域的物流系统上线新逻辑以后，物流环节可能会有变化，有可能引起顾客投诉，最终影响客服部门。那么，客服部门就是很重要的利益相关者。 • 终端用户：终端用户一般是产品的最终使用者。比如，直接在物流系统操作发货的发货员。他们非常了解业务流程，会为产品设计提供大量的信息。 • 支持团队：最典型的支持团队是技术研发团队，他们对技术方案非常了解。	• 竞争对手：例如，SaaS类的B端产品要关注自身产品与竞品的差异和优势。 • 监管者：B端产品所处行业的法律法规和监管部门。

图 5-6　内部利益相关者和外部利益相关者

如何挖掘利益相关者？

高标：回川，我大概理解了什么是利益相关者，他们就是推动或阻碍产品成功的人。那么，我应该如何找到并区分他们呢？

回川：你理解得不错。你可以从客户公司的组织架构中寻找，比如看看公司各部门的负责人都是谁，他们的下属是谁。你还可以从邮件、项目文档、产品文档等资料中寻找，比如看一下在日常邮件中，这些人是否在抄送的位置，以及他们的称谓等。

回川：在找到利益相关者之后，产品经理要对他们进行分析，了解他们在产品或项目中的角色，思考需要从他们那里获取什么信息，以及他们对产品的态度如何。比如，你现在接手的智慧物流项目。张总是物流部的部门经理，也是智慧物流项目的发起人，因此你要知道他所处部门的结构和他的下属都是谁。他作为这个项目的直接受益者，一定会非常支持你的工作，你要清楚通过和他沟通可以了解哪些信息。比如，他对智慧物流的业务规划是什么、关键业务流程是什么。对于这样的支持者，你要重点关注。当然，你也可能遇到阻碍者，可能产品的落地阻碍了他们的利益。因此，你要学会对利益相关者进行管理。

回川：对于利益相关者的管理，你可以搜一搜项目管理中有关干系人管理的知识。《项目管理知识体系指南（PMBOK®指南）（第 5 版）》对干系人的定义是干系人是能影响项目决策、活动或结果的个人、群体或组织，以及会受或自认为会受项目决策、活动或结果影响的个人、群体或组织。他们也可能对项目及其可交付成果施加影响。干系人可能来自组织内部的不同层级，具有不同级别的职权，也可能来自项目执行组织的外部。在项目管理的方法中，有一套成熟的方法论来支持你。比如，如何应对对产品抱有积极或消极态度的利益相关者。

高标：好的。我去学习一下。

与利益相关者打交道，其实有很多方法，如访谈、问卷调查、焦点小组等。无论使用哪一种方法，产品经理都要随时走到客户身边，去倾听客户的声音。

B端产品经理准备开启客户调研的"奇幻旅行"之前，首先要明确一些原则，防止误入歧途。

第一，客户的话不能全信。客户可能为了引起产品经理对问题或需求的重视，会有意无意地夸大事实；也可能因为害羞或怕说错话，而不去真实地表达自己的想法。因此，产品经理需要对收集的信息多加思考。

第二，管理好客户的期望。客户一定是希望能够实现更多的功能的。此时，产品经理一定要管理好客户的期望，让客户对想要的功能排优先级，确定他们最看重的；或者产品经理可以先明确一下客户可能会失去的东西，比如加载速度变慢、操作流程变长，再来让客户判断最想要的功能是什么。

第三，明确词语含义。词语在不同的语境下，会有不同的含义，因此有时会产生误解。有这样一个笑话，一个外国人问汉语老师是否考过语言等级证书，老师狡黠地说："考过，没考过。"如果没有中间的标点，那么听的人肯定是一脸困惑。再比如，客户说"我感觉报表加载更快一点儿"，"更快一点儿"这个词就需要进一步明确，可以让客户重现一下打开报表的过程，看看究竟是哪里出现了问题。

第四，尽量不要问有固定选项的问题。如果列出几个选项让客户选择，那么即使里面没有他想要的，他也一定会选一个。与其这样，不如让客户给所有的选项打分，0 分是不满意、10 分是很满意，或者可以问客户："产品的哪些功能让你特别满意？"

第五，复述客户的话。产品经理要把客户说过的话，用自己的语言再说一遍，让客户判断说得对不对。这样可以检验一下产品经理是否真正理解了客户的话，也可以让客户重新思考一下自己表达得是否准确。

第六，别让客户预测未来。最典型的是让客户设计产品，相对而言，客户当下的行为更重要，而且设计产品应该是产品经理要做的事情，专业的人应该做专业的事。

接下来，B 端产品经理就要启程上路，开始调研客户的"奇幻之旅"了。调研客户的方法有很多，那么有没有简单有效的方法呢？师徒式访谈[①]是一个不错的选择。

师徒式访谈是让产品经理拜客户为师，然后师傅教，徒弟练。如果产品经理有不懂的地方，就马上问。得到答案并记录以后，产品经理要检查自己是不是真正理解了。

在请教问题时，产品经理可以采用三段式问法。

- 发现问题：你正在做什么事情？在这个过程中有什么不舒服的地方吗？遇到了什么问题？

- 分析流程：你现在用什么方法来解决这个问题？

- 探索机会：为了更好地解决这个问题，你认为有什么办法能帮到你？或者哪些地方可以优化一下？师徒式访谈的一般流程是"请教—刨根问底—核实"。

即使调研客户的路上布满荆棘，产品经理也一定不要忘记为什么要启程，要始终明确调研客户的目的和出发点，防止自己被带偏。

总结：调研客户

- **在这个活动中，产品经理需要做什么？**

分析和研究产品的客户。

- **做活动之前要准备什么？**

第一，市场需求文档。

第二，竞品分析报告。

第三，产品创意。

- **有哪些工具或方法？**

访谈、问卷调查、焦点小组等。

---

① 樽本撤也：《用户体验与可用性测试》，人民邮电出版社 2015 年版。

- 在活动结束以后得到了什么？

客户调研报告，包括对客户的描述、通过分析得出的结论、业务的基本流程等。

- 产品经理还要关注什么？

做 B 端产品的客户调研，不用拘泥于形式，因为客户就在产品经理的身边。产品经理可以离开办公桌，走到客户身边进行深入交流，发现问题并了解需求。

5.3　规划产品路线：缩小现在与未来的差距

按照 B 端产品管理框架，在规划阶段的战略层，要做的活动有调研市场、调研调研及规划产品路线。

B 端产品经理的工作重点是进行规划和预测，减少应急和奔波。规划产品路线就像制定一个总体目标一样，要为这个目标设计好每一步的打法、进攻路线和阶段性目的。

规划好产品的发展路线可以帮助内部团队明确战略目标、制订产品计划，为产品方案的设计提供框架和方向，也可以帮助研发团队预估产品实现的成本，促使产品、研发、营销等团队的目标统一。除此之外，规划好产品的发展路线还可以吸引客户的关注，成为与客户交流和营销的工具，也可以树立产品的市场品牌。

最能体现规划产品路线的方式就是产品经理制作出产品路线图（Product Roadmap）。

5.3.1　构建产品路线图：愿景和使命

产品路线图是体现 B 端产品经理规划和战略能力的重要输出物，它为产品的发展提供了时间框架和功能框架，简单来说就是产品经理规划好在什么时间点做什么事情。产品路线图并不是一个针对未来必然要发生的事情的"锦囊妙计"，而是为了实现战略目标而不断验证并修订的规划，因此产品路线图是不断变化发展的。

产品路线图的基本元素包括产品的愿景（Vision）、使命（Mission）、战略（Strategy），这几个词对于产品经理来说是非常重要的。产品路线图是一个关于产品是否应该存在，之后又该如何发展的重要问题，它为后续的产品设计指明了方向。

我们来区分一下愿景和使命。举一个生活中的例子，在一个孩子刚出生时，父母就对他充满了期望，希望他以后做一个健康、快乐的人，这个就是使命；在孩子上学以后，父母又希望这个孩子能够在 18 岁时，考上一所好大学，毕业之后，能够找到一份好工作，这个就是愿景。

那么，在产品领域，使命是产品存在的理由，希望产品能够为客户提供服务和价值。愿景是产品在实现它想实现的价值之后的景象，也可以说产品的愿景是产品未来的形象。

假设有一家物流 SaaS 领域的 A 公司，这家公司提供一套完整的物流运营管理的系统解决方案。A 公司产品的使命是让企业用最低的成本，高效地运转物流业务。A 公司产品的愿景是产品面向从事电商的客户，他们面临的问题是传统物流系统满足不了电商场景下的物流需求。A 公司提供的某系统是一款 SaaS 产品，它能提供性价比更高、便于操作和学习的物流系统，能快速在客户的公司部署和使用，最终成为市场第一的物流系统。不同于传统的物流系统，A 公司的产品具备更便捷的移动端解决方案。

在 B 端产品经理调研市场和调研客户的过程中，产品的使命、愿景、战略会初步成型。市场环境、竞争对手和客户的基本情况等信息，都有助于产品经理思考产品的使命和愿景。产品经理可以借用行内成熟的产品愿景模板[①]将获得的信息整理为愿景信息，我们以 A 公司的愿景为例来看一下产品愿景模板，如图 5-7 所示。对于企业内部的 B 端产品，我们可以忽略愿景中的竞争对手部分。通过产品愿景模板，我们可以看出产品的使命和愿景从属于公司的使命和愿景。

---

① 愿景模板源自杰弗里·摩尔所著的《跨越鸿沟》。杰弗里·摩尔：《跨越鸿沟》，机械工业出版社 2009 年版。

图 5-7　产品愿景模板

产品蓝图（Product Blueprint）和产品路线图是一个概念吗？

高标：回川，我看很多资料都提到了产品蓝图和产品路线图，好像都是产品规划的方法。那么，它们是一个互通的概念吗？

回川：这是个好问题。首先，产品蓝图和产品路线图不是一个概念。"蓝图"这个词来自建筑和工程行业的图纸，在这个领域，有一种展示方案的图纸是由蓝色背景和白色线条组成的，引申到经管和 IT 领域成了一个专有名词。我们可以通俗地理解为蓝图是针对某个问题提供的标准答案，需要按照图纸上的标注来严格地执行，比如为企业数据治理提供了技术蓝图。同理，产品蓝图是一个需要明确执行的方案。而路线图是为了逐步实现战略目标而制订的由近及远、由详到略的规划，路线图是可以不断调整的。比如，为了实现产品的营收目标，路线图规划在第 1 季度实现 A 功能，发现效果不理想，但是发现 B 功能有机会，那就可以调整为在第 2 季度实现 B 功能。我们可以用图展示一下产品路线图与产品蓝图的关系，如图 5-8 所示。如果产品路线图是时间轴的话，那么产品蓝图就是时间轴上的一个组成部分。

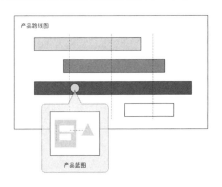

图 5-8　产品路线图与产品蓝图的关系

高标：产品路线图能帮助产品经理更好地规划产品，对吗？

回川：是的。规划产品的能力对产品经理来说非常重要。换句话来说，产品路线图能够体现产品经理的战略思维。有一句英文谚语形容得很贴切：Plans are nothing，planning is everything。

5.3.2　构建产品路线图：战略

战略是实现使命和愿景的规划，说得通俗一点儿就是，如何一步一步地完成定下的目标。英特尔公司前总裁安迪·格鲁夫认为，战略规划是"有什么事情我如果'今天'做了，可以让'明天'更好，或者至少让'明天'不会更糟"[①]。比如，产品中的非功能性需求，如页面加载速度、账号的安全性等，如果把对非功能性需求的改善，规划在每一次的发版上线中，就会提升产品的价值。

战略是产品路线图的重要元素。为了制定出想要的产品战略，产品经理首先要了解制定战略的思路。根据安迪·格鲁夫的理论，制定战略可以分为以下三个步骤。

♫　**外部的分析和预测**。

♫　**内部的现状分析**。

♫　**缩小差距**。

外部的分析和预测是制定战略的第一步。产品经理首先要明确与产品成败相关的因素。比如，一个产品的外界环境可以由用户、竞争对手、合作伙伴等组成，这些信息可以从竞品分析报告、市场需求文档中得到。产品经理还要了解客户对产品的期望，比如产品经理要了解客户想从产品中获得哪些价值，这些信息可以从客户调研报告中得到。

明确这两点之后，产品经理要从现在和未来的时间维度来分析得到的信息，这主要是为了发现差异。即客户目前从我们的产品中得到了什么？是否能够让他们满意？接下来，客户又希望我们的产品增加哪些功能？通过分析这些差异得到的结论是规划过程的重要输出物。

---

① 安迪·格鲁夫：《格鲁夫给经理人的第一课》，中信出版社 2017 年版。

内部的现状分析是制定战略的第二步。产品经理要分析目前自己的产品处于什么状态和内部资源的使用状态。比如，正在做的项目或需求目前处于怎样的开发状态，目前所使用的 B 端产品与行业内的优秀产品有怎样的差别等。

在第一步和第二步中，我们已经分析了产品所处的外部和内部环境。制定战略的第三步就是思考如何缩小未来和现在的差距，产品经理可以按照以下方法来做。

第一，用头脑风暴的方式思考，列出为了缩小差距所要做的事情。基于市场调研和客户调研所积累的资料，大胆地想象哪些事情可以缩小差距。

第二，想一想目前产品的约束条件，从列出的清单中画出可以做到的事情。这些约束条件可能包括技术、市场、营销、运营等因素。因此，产品经理可以与技术、市场、营销等团队进行沟通并听取意见。这样，产品经理就可以多维度地思考产品战略的可行性了，同时也可以与相关团队就产品的目标达成一致，为后续的合作奠定基础。

第三，思考一下，在清单中画出的事情会使产品有怎样的结果，并且这个结果怎样证明产品是成功的。在这里，产品经理需要更多的关注产品未来有哪些特性（Feature）和衡量产品是否成功的标准。这里需要指出的是产品的功能（Function）和特性的区别。产品的功能来自需求的设计和研发，而产品的特性是可以让客户接受的卖点。产品特性是对客户所需要的产品的形象描述，而产品功能更加严谨和准确。因此，在思考战略规划时，产品经理不要陷入对产品功能的细节描述，而是要站在产品特性的角度来思考。

第四，给这些结果排序，看看哪些需要优先得到，然后加上一个期望日期。战略规划上的内容，基本上都是经过产品经理思考之后得出的需要优先执行的事情。

在制定产品战略时，产品经理需要关注选择行动方案的机会成本。当产品经理选择一个行动去缩小与未来的差距时，就会对另一个行动说"不"。例如，在资源有限的情况下，如果开发 A 功能，就可能失去 B 功能的收益。因此，产品经理要有决断，勇于担当，为结果负责。

产品经理经过一系列的思考以后，就能够得到产品战略了。为了让思路更具结构化，我们把思考的信息填入下面的产品战略模板中，如表 5-1 所示。产品路线图可以由多个战略组成。

表 5-1　产品战略模板

内　容	解　释
名称	为这个战略起一个名字
目标和价值	想要实现的目标和想要获得的收益，以及如何证明成功
产品特性	描述产品可以帮助客户实现的期望
优先级	实现战略的优先级
时间	在什么时间内完成
补充信息	补充相关的技术、市场、客户等信息

B 端产品经理如何在实际工作中制定出产品战略？

高标：回川，你能否举一个例子来说明一下，如何得到产品战略呢？

回川：好的。我们就以物流 SaaS 领域的 A 公司为例，假设我们是这家公司的产品经理，我们已经知道了 A 公司产品的使命和愿景，如图 5-9 所示。我们在进行市场调研和客户调研的过程中，可以获取很多的相关信息，以帮助我们研判出使命和愿景。这里要注意的是，产品的使命和愿景要体现出所在公司的使命和愿景。因此，了解整个公司的使命和愿景有助于我们建立产品的使命和愿景。

 A公司的产品

使命：让企业用最低的成本，高效地运转物流业务。

愿景：产品面向从事电商的客户，他们面临的问题是传统物流系统满足不了电商场景下的物流需求。我们提供的某系统是一款 SaaS产品，它能提供性价比更高、便于操作和学习的物流系统，能快速在客户的公司部署和使用，最终成为市场第一的物流系统。不同于传统的物流系统，我们的产品具备更便捷的移动端解决方案。

图 5-9　A 公司产品的使命和愿景

回川：产品经理通过对 A 公司的使命、愿景和战略的了解，以及对市场的分析，制定出了两个战略：一个是 WMS（仓储管理系统），另一个是 TMS（运输管理系统），如图 5-10 所示。

图 5-10　A 公司的战略

回川：这里要说明的是，填写"目标和价值"，其实就是我们要想办法用一个目标来证明自己的产品是否成功。因为 A 公司是一家物流 SaaS 领域的公司，所以证明面向市场的 B 端产品成功的目标就很明确，就是在市场上获得成功。而处在企业内部的 B 端产品经理，面向企业内部业务团队提供系统支持，不太好直接用业务指标来判定 B 端产品是否成功，而是需要实现客户成功（Customer Success）。因此，在完成产品战略规划以后，产品经理可以通过对内部业务团队调研来核对"需求是否有遗漏""业务团队对于产品使用的满意度""投入的研发成本和实现的业务目标是否在合理的范围内"。产品经理可以将以上信息作为面向企业内部的 B 端产品的目标。

回川：在制定产品战略的价值时，我要再提出一个概念：北极星指标（North Star Metric）。顾名思义，就是为产品找到一个指引方向的目标，这个目标也会指引我们思考产品特性。

高标：北极星指标可以帮助我们思考产品特性？这个怎么理解？

回川：比如，你要设计一个财务账单系统，在制定北极星指标的时候，存在两个选择。一个是提升账单的准确性，另一个是减少账单结算的时间。如果你将第一个选择作为北极星指标，那么你可以想象一下自己产品的特性，基本上离不开底层数据的抓取和计算逻辑。相反，如果你将第二个选择作为北极星指标，那么你的产品特性基本上离不开结算时的操作流程优化、界面展示优化等。因此，你选择了不同的目标，产品的方向就完全不同。还有你选择北极星指标的时候，要思考一下自己产品的使命和愿景。

高标：我明白了。产品的使命、愿景和战略是相互贯通的，需要我们系统地进行思考。

5.3.3　构建产品路线图：展现和管理

通过以上信息，我们已经知道了产品路线图包含使命、愿景和战略。产品路线图并不是束之高阁的艺术品，而是产品管理实践中的应用工具。一般来说，最常见的产品路线图是按照时间轴的形式展现的，如图 5-11 所示。当然，为了便于产品的使用和管理，产品路线图也可以按照图表的形式展现，如图 5-12 所示。

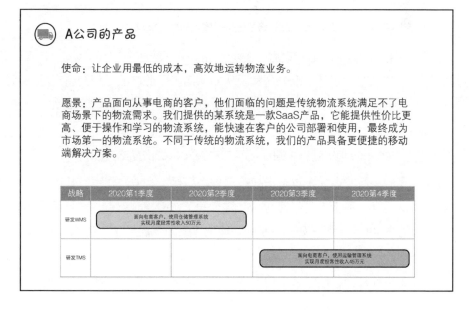

图 5-11　产品路线图按照时间轴的形式展现

A公司的产品路线图			
产品使命	让企业用最低的成本，高效地运转物流业务		
产品愿景	产品面向从事电商的客户，他们面临的问题是传统物流系统满足不了电商场景下的物流需求。我们提供的某系统是一款SaaS产品，它能提供性价比更高、便于操作和学习的物流系统，能快速在客户的公司部署和使用，最终成为市场第一的物流系统。不同于传统的物流系统，我们的产品具备更便捷的移动端解决方案		
2020第1季度	2020第2季度	2020第3季度	2020第4季度
战略1：研发WMS 目标和价值： 面向电商客户，使用仓储管理系统实现月度经常性收入50万元 产品特性： 可以快速在客户的公司部署； 图形化展示库存分析； 实现手持设备操作 优先级： 高 补充信息： 需要与销售团队合作，共同完成目标		战略2：研发TMS 目标和价值： 面向电商客户，使用运输管理系统实现月度经常性收入45万元 产品特性： 可以快速在客户的公司部署， 可以对接第三方物流公司， 可以实际监控货物的位置 优先级： 高 补充信息： 需要与销售团队合作，共同完成目标	

图 5-12　产品路线图按照图表的形式展现

有了产品路线图的展现形式之后，B 端产品经理需要通过产品路线图来指导产品管理的工作。产品路线图是一个公司和团队的承诺，因此产品经理要将产品路线图开诚布公地与团队分享，并听取大家的意见和建议，这将有助于后续的协作。

克莱顿·克里斯坦森教授认为，战略包括重点、根据机遇权衡计划和执行三个部分[1]，这三个部分也可以帮助 B 端产品经理管理和执行产品路线图。

首先，我们来看重点。重点是指战略规划中的目标和方向，也就是缩小现实与未来的差距。目标有助于产品经理在纷繁复杂的工作中找到重点，产品经理一周的工作时间大约是 40 个小时，如果不断地处理应急工作，就会目标凌乱，没有重点，最终收效甚微。

因此，总是处理迫在眉睫的事情会令人丧失目标。不断地回顾工作的重点，有

---

[1] 克莱顿·克里斯坦森：《你要如何衡量你的人生》，吉林出版集团有限责任公司 2013 年版。

助于产品战略的执行。

其次，根据机遇权衡计划。换句话说就是计划赶不上变化，要拥抱变化。B 端产品经理所思考的战略规划的条件都处在变化中，因此制订和执行战略规划也是一个持续修正的过程。

举一个本田公司的超级幼兽车的例子。超级幼兽车（Honda Super Cub）起初定位为日常通勤和生活工作使用的摩托车，它有结构简单、维护便捷、操作简便、省油等优点。在 20 世纪 60 年代，本田公司计划将摩托车打入美国市场，可是一直没有取得理想的业绩。于是，本田的销售人员骑着超级幼兽车，穿梭在美国的大街小巷跑业务。令人意外的是，这款超级幼兽车引起了美国人的关注，产生了大量的订单。本田公司调整战略，主推这款超级幼兽车，并打入了美国市场。这款超级幼兽车已经在全球卖出了 1 亿辆。

值得注意的是，在将机遇转化为自己要做的事情时，B 端产品经理要思考做这件事情的假设条件是否成立。比如，后台系统如果有搜索功能，就能帮助用户快速地找到他们想要的功能。这时候，B 端产品经理就要思考假设条件是否成立，搜索功能是否真能帮助用户找到他们想要的功能。如果是，那么设计成直观的导航是否可行？另外的假设条件是搜索功能的技术是否可以实现、实现的成本是否可以接受。判断完所有的假设条件是否成立以后，B 端产品经理才能确定这件事情能否做成。对于已经制定好的产品路线图，要不断地进行修订。

最后，分配资源、执行战略。执行战略的方法是目标管理，做好目标管理，要有目标并验收成果。

日本著名的马拉松运动员——山田本一，两次获得世界级马拉松大赛的冠军。别人向他请教成功的经验，他说其实很简单，就是在比赛前实地看一下比赛线路，记录下路上的标志物，如 5 千米处有一个教堂等。这样，他在跑步时根据公里数不断地调整状态，激励自己冲过终点。其实，做产品也是一样的，规划行动方案要实时反馈并验收成果。就像我们设计出一个功能以后，会设定很多指标（如加载时间、负载等）来监控和修正我们的行动方案一样。这样，B 端产品经理就不会因为忙于"赶路"而忘记了自己的初心。

制定好了路线图以后，接下来 B 端产品经理就要一步步地按照计划去执行了，分析产品需求，走好每一步。

总结：规划产品路线

- 在这个活动中，产品经理需要做什么？

思考产品的使命和愿景，规划产品发展的路线。

- 做活动之前要准备什么？

第一，市场需求文档。

第二，竞品分析报告。

第三，产品创意。

第四，客户调研报告。

- 有哪些工具或方法？

第一，会议。

第二，头脑风暴。在规划的时候，需要大家群策群力来找到战略方向，最重要的是团队成员能达成共识。

- 在活动结束以后得到了什么？

产品路线图。产品路线图体现了产品的使命、愿景、战略，是指导产品经理工作的纲领性文件。

- 产品经理还要关注什么？

规划产品路线是为了做到整体规划、分步实施。在执行的过程中，产品经理也要注意发现机遇，及时地进行修正，也就是说要拥抱变化。B 端产品的使命和愿景要与公司的使命和愿景相契合，产品目标的实现有助于组织目标的实现。

5.4　分析需求：用图形代言需求

5.4.1　需求蛋模型

提到需求，可能大部分人都会想到马斯洛需求层次理论。那么，究竟什么是需求呢？这是一个很重要的问题。

1．先从第二次世界大战的一个故事说起

写这个故事的目的是想表述一个常识：正确的理论为实践指引正确的方向，但常识却并不常用。

在第二次世界大战中，美军的鱼雷艇在海战中取得了不错的战果。因为鱼雷艇轻便且快速，能迅速靠近敌军舰艇，发射鱼雷后再迅速离开，敌军笨重的舰艇无法追击。这就使鱼雷的攻击效果和命中率大大提升。

而美军的敌人则在第二次世界大战初期还是沿用第一次世界大战时期的思维——用船坚巨炮打击对手。他们认为，只要自己的炮弹比敌人打得远，船体经得住敌方的轰击，那自己就是海上的"霸主"，而且他们还造出了一种超远距离攻击的鱼雷。然而，在太平洋海战的初期，这种鱼雷的命中率极低。后来，人们分析发现，这种超远距离攻击的鱼雷的导航装置根本经不住发射后的长途奔袭。也就是说，这种鱼雷打出去，打中的概率可以用"瞎猫碰死耗子"来形容。

因此，对于理论的探索是有必要的。只有有了与需求相关的理论认识以后，才能在具体的产品工作中更好实践。

2．需求蛋模型

Gerald M. Weinberg 在《探索需求》中提到了需求理论，需求是我们想要的东西和我们不想要的东西。同时，我们收到的需求总是含混的。做与需求相关的工作，就是不断地降低含混。

Gerald M. Weinberg 创造了一个"需求蛋模型"来解释需求。

每个人的生活背景、知识体系不同，对事物的理解也不同，这就造成了用户的需求表达会很含混。

产品经理的工作就是从需求的角度出发，在"我们想要的东西"和"我们不想要的东西"之间，画一条清晰的分界线，然而这只是理想情况下的需求分界线，如图 5-13 所示，就像物理题中，光滑的平面或没有能量损失的小滑块。关于需求，真实情况下的需求分界线大多如图 5-14 所示。

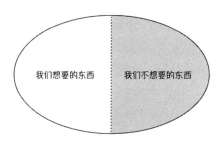

图 5-13　理想情况下的需求分界线

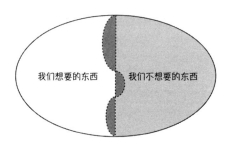

图 5-14　真实情况下的需求分界线

我们在探索需求时，画出的不是直线，而是波浪线，这必定会混淆"我们想要的东西"和"我们不想要的东西"。图中波浪线覆盖的区域，就是我们混淆的区域。换句话说，在我们获得的需求中，"我们想要的东西"中混杂了"我们不想要的东西"，反之亦然。

产品经理的工作就是不断地让波浪线接近于直线。

基于 Gerald M. Weinberg 的"需求蛋模型"，我们再做一层引申。制造出高精密度的产品的同时，也要付出同样高的成本。因此，从成本的角度来说，波浪线接近于直线的过程需要分阶段来实现。这也是产品 MVP 思想存在的基础。

探索需求是没有终点的，产品经理要适可而止，从成本或实现价值的角度来对需求进行分类，从而找到必不可少的需求。

当需求基本上已经划分清楚时，产品经理应该立刻进行下一步的工作，要勇于承担风险。只有勇于冒险，才有可能成功。

3. 降低含混程度永远是需求探索的主题

产品经理一定要记住降低含混程度永远是需求探索的主题。

换句话说，需求探索就是减少需求中含混不清的地方，让波浪线接近于直线。

因此，产品经理在做与需求相关的工作时，要在前期的需求上花费大量的时间，减少含混不清的需求。如果在需求落地阶段才发现那些含混不清的需求，那么改正的成本实在是太高了。这不禁让人想起一个笑话。一个工程队一直在挖深井，工程快结束的时候，工头大叫："不好，快停工！我把施工图拿倒了，甲方要建烟囱。"

产品经理要想减少那些含混不清的需求，就需要使用需求分析工具。在介绍工具之前，我们需要先了解需求分析的指导思想，只有有了指导思想才能更好地使用工具。

5.4.2 需求层级：连接产品路线和需求分析

我们通过"需求蛋模型"，已经理解了什么是需求。在这一部分，主要为大家介绍一下需求层级，让大家可以将需求分析的活动和前面讲到的调研市场、调研客户、规划产品路线的活动联系在一起。

首先，我们要了解一个背景知识——敏捷（Agile）。敏捷是开放的研发软件的思想，它提倡按照价值交付软件，以及在研发过程中进行更多的互动和沟通等价值观。基于敏捷的思想，产生了很多研发方法论，如 Scrum、XP 等。敏捷思想是在当前互联网大潮下，各个公司都比较崇尚的方法论，其中比较出名的是 Scrum。Scrum 有一个重要工具是 Product Backlog。Product Backlog 是用来整理待开发需求列表的。在 Scrum 的知识体系下，需求层级是按照图 5-15 来划分的。

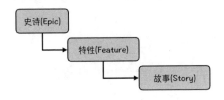

图 5-15 Scrum 的需求层级

其中，史诗级需求是指产品路线图的宏观需求；特性级需求是指产品路线图中的产品特性含义基本上一致，可以理解为卖点；而故事级需求是敏捷方法论特有的产物。故事是描述需求的基本元素，在 Scrum 中，故事包含三个基本元素：角色、活动、价值。

故事A：仓库的拣货员（角色）可以通过手持设备的提醒来查看紧急补货的任务（活动），这样他们就不会遗忘需要紧急补货的任务了（价值）。

参照 Scrum 的理念，我们来看一下 B 端产品管理框架中的需求层级，如图 5-16 所示。在"规划产品路线"的活动中，我们已经得到了产品路线图。在产品路线图中，我们也已经分析出了战略和产品特性。

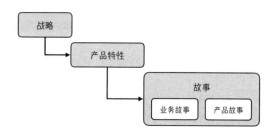

图 5-16 B 端产品管理框架下的需求层级

在产品路线图的基础上，B 端产品经理要进一步用故事来分析更细层级的需求，故事分为业务故事和产品故事。业务故事是对客户完成一项活动的描述，产品经理在思考业务故事时，暂时不需要思考产品和系统如何实现。B 端产品经理在分析需求时，要先分析业务是如何运转的，而不要陷入如何设计产品的细节中。比如，设计物流系统的需求，产品经理要先搞清楚物流系统基本的运转流程：入库、上架、拣货、配货、出库等。在此基础上，产品经理再去分析产品如何帮助业务运转，即产品故事。

B 端产品管理框架下的故事会更关注角色和活动，我们用活动的内容为故事起一个名称，并对故事 A 进行修改。

故事 A：名称——用手持设备拣货

仓库的拣货员（角色）可以通过手持设备的提醒来查看紧急补货的任务（活动）。

故事和用例的区别？

高标：回川，你提到了用故事来表述需求，可是我也经常听到"用例"这个词。用例和故事是一回事吗？

回川：这是个好问题。首先，我们来看一下故事的起源。它最早来自极限编程

（XP），当时研发团队在为客户进行软件开发时，使用了故事的方式来描述项目的范围。你可以从历史传承的角度来看，故事是从用户的角度出发，用自然的语言对用户的工作进行描述的，因此故事并不会描述系统如何实现。可是，你肯定听说过，用例包含前置条件、后置条件、异常流程等描述信息，用例会比较关注实现，描述系统与用户之间的交互。

回川：在敏捷的场景下，需要通过故事来增加产品经理、研发团队与客户之间的沟通和协作。从表面上来看，故事描述的内容比较粗略，而用例描述的内容比较细致。当然，故事还可以被进一步拆分。

回川：无论是故事还是用例，都不要太过于纠结名称。故事和用例都是用来描述角色、场景、验收标准、需求细节的，只要能让客户和研发团队看懂，就可以结合故事和用例来描述需求。

高标：好的。无论是故事还是用例，都是为了描述清楚需求的场景和细节。

5.4.3　解析需求：用图形为需求代言

　　B 端产品经理在探索需求之前，遇到最多的问题可能就是了解业务了。如果不了解业务，产品经理就无法与需求方在相同的知识背景下顺畅地进行沟通。

　　目前，有一套成熟的方法论——统一建模语言（Unified Modeling Language，UML）用来解析业务和探索需求，它建立了一套采用图解需求的标准。由此衍生出了很多介绍 UML 的图书。当然，这里并不是以教科书的形式把知识全面地讲一遍，而是以 UML 为基础，介绍 B 端产品经理最常用的分析需求的方法，以便 B 端产品经理能够快速上手。

1.　数据驱动：行为产生数据，数据联系行为

　　我们在前面的内容中提到过，在企业应用的软件框架中，B 端产品经理主要关注三个方面：表现层、领域层、数据层。

　　因此，数据是很关键的分析因素。B 端产品经理在分析业务时，要关注数据的流动，数据会把不同的人联系在一起。关于数据我们主要思考以下几方面的内容。

　　首先，我们要知道人们的行为产生数据。比如，用户下单会产生订单，学生考

试会有成绩，便利店出售商品会有收入。"下单""考试""出售"是人们的行为，而"订单""成绩""收入"则是行为产生的数据。

其次，数据与人们的行为息息相关。比如，将用户的订单传递给库房的保管人员，指导他们发货。数据流动形成数据流，从而把业务中的人们联系在一起。

我们可以用一个词——"数据驱动"来总结，探索需求的重要方式是用数据驱动的思路来探索业务。

大家即使感觉有些抽象，也不要着急，从数据角度来探索需求本来就是对现实业务的高度概括，我们可以从具象到抽象来探索需求。

2. 举例

为了更好地学习如何分析需求，我们假设要为某家咖啡厅设计管理系统。侯女士在科技园附近开了一家咖啡厅，周围都是互联网领域的科技公司。她想通过提升科技感来吸引更多的顾客，同时也希望能够提升管理效率并减少成本。于是，侯女士让产品经理回川帮助自己设计一套咖啡厅的管理系统。

基于上述背景，我们开始使用图形的方式分析需求。

1）流程图

> 侯女士：回川，我想开一家具有科技感的咖啡厅，希望能用系统来管理这家店。比如，让顾客使用电子设备下单、电子收银，同时用系统管理日常的菜单、折扣活动、员工信息等。你帮我做一下呗。
>
> 回川：好的，没问题。我先一点一点梳理清楚你的需求。你觉得哪个功能对你来说最重要呢？
>
> 侯女士：我觉得满足用户就餐环节的功能最重要。
>
> 回川：好的，那我就用图形来分析你的需求。

在分析 B 端产品需求之前，我们首先要了解业务流程，而分析业务流程最常用的方法就是画流程图。我们在前面提到分析需求时可以使用故事的形式，故事包含业务故事和产品故事。在画流程图时，我们主要分析业务故事。在下面的内容中，请暂时不要思考怎么实现这个功能或怎么画产品原型，我们仅仅先来思考业务怎么流转。

按照 UML 标准，流程图的分类有很多，如活动图、状态图、时序图等，其中的活动图就跟我们平常所用的流程图类似。同时，活动图里包含了很多标准元素，便于有技术背景的人进行阅读。

在产品经理实际的工作中，其实用不到那么多复杂的元素，只用基本元素就可以把业务流程讲清楚了，如图 5-17 所示。

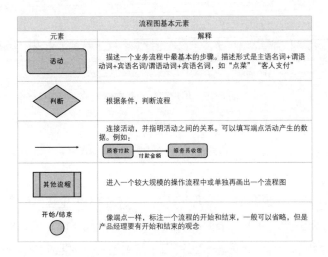

图 5-17 流程图基本元素

在流程图中标识和连接"活动"，可以看作一个业务故事。

在画流程图分析需求时，产品经理可以采用"整体规划、分步实现"的理念，这个理念具体可以解释为以下几点。

第一，先总结主要流程。《用户故事地图》中提到，先要建立一个主干的故事框架。在此基础上，不断地展开细节。什么是框架？以《用图秀演讲》这本书中提到的一个戏剧表演框架为例，如图 5-18 所示。

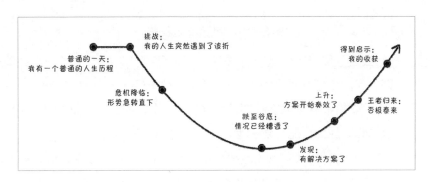

图 5-18 戏剧表演框架

回想一下我们之前看过的好莱坞大片，基本上都是按照图中的框架展开故事的，并且每一个步骤都包含了很多故事情节。因此，在画流程图时，产品经理首先要梳理出一个整体的框架。以咖啡厅为例，我们来梳理一下用户就餐的基本框架，如图 5-19 所示。

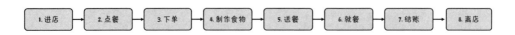

图 5-19 用户就餐的基本框架

我们从宏观的角度梳理出了一个非常粗略的基本活动，并对其进行编号。同时，我们要思考一下，每个活动都有哪些人参与，比如顾客、服务员是否都参与到了活动中。

第二，对框架进一步细化。《软件需求与可视化模型》中提到一个观点，流程图从上往下分为 3 级基本上就可以把事情描述清楚了。换句话说，按照从概括到具体的方式画出 3 个层级的流程图，如图 5-20 所示，基本上就可以把业务需求描述清楚了。

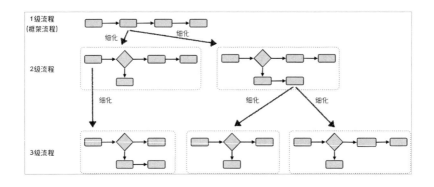

图 5-20 3 个层级的流程图

那么，怎么区分层级呢？《软件需求与可视化模型》中给出了一个经验——"7±2"原则。人的记忆数量大概有 7±2 个，如果超过这个范围，人们就很难记住。换句话说，如果流程图中的活动数量超过 7±2 个，那么这张图中的信息就会太过繁杂而不易阅读，原因可能是某些活动的颗粒度太细或太粗。

接下来，我们对顾客就餐的基本框架做进一步的拆分，从 1 级流程拆分到 2 级流程，如图 5-21 所示。在画点餐环节的流程图时，我们使用泳道图的方式来区分角色。当然，也可以直接在描述活动时，使用"谁做什么事情"的格式来代替泳道图。

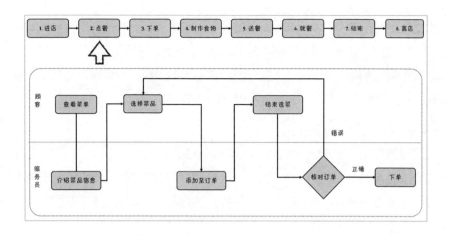

图 5-21　具体实例：从 1 级流程拆分到 2 级流程

如果有的环节还需要做进一步的阐述，那么我们可以从 2 的流程拆分到 3 级，来进一步说明需求，如图 5-22 所示。

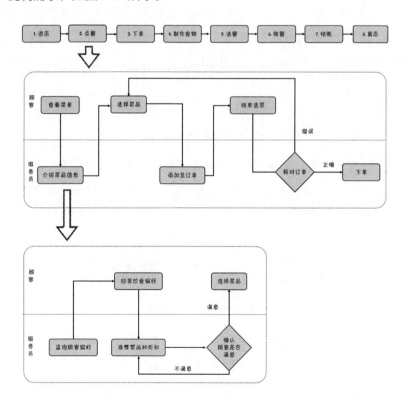

图 5-22　具体实例：从 2 级流程拆分到 3 级流程

由此我们可以看出，使用 3 个层级的流程图基本上就可以清晰地把业务需求分析出来了。总结一下，我们在梳理业务故事时，可以借助流程图的方法，将业务故事以从宏观到微观的方式串起来，这样能够详略得当，不陷入细节。当然，最重要的一点是我们不要想产品故事，或者不要想如何去实现它。

2）业务实体关系图

通过对流程图的梳理，我们基本上了解了整个业务是怎样运转的。产品经理在与相关需求方沟通的时候，经常会听到一些似懂非懂的名词，如订单、发货单、交接单等。这些名词在业务中可能是非常关键的数据。从搞清楚这些数据之间的关系入手，可以进一步了解业务。

我们可以参考一个工具——实体关系图（Entity Relationship Diagram，ERD），实体关系图多用于数据库和表结构的设计。如果产品经理没有技术背景的话，实体关系图就会显得很晦涩，使用起来也不太方便。在实际工作中，产品经理要更多关注实际业务中的数据关系，而不要被数据库的知识限制，产品经理可以使用业务实体关系图来表示数据之间的关系[1]。业务实体是指在实际业务环境中出现的人、事、物，如顾客、账单。大家不要被实体的名称吓到了，可以简单地将其理解为业务中的数据。

首先，我们来了解一下业务实体之间的三种关系：一对一、一对多、多对多，我们还是以咖啡厅为例来对这三种关系进行说明。

    ♫ 一对一关系：顾客结束用餐以后，需要结算自己的账单。这时，顾客与账单是一对一的关系。我们用业务实体关系图对一对一关系进行表示，如图 5-23 所示。

图 5-23　一对一关系

    ♫ 一对多关系：服务员在工作的时候，可以为多个餐桌的顾客提供服务。

---

[1] 业务实体关系图源自业务数据图和实体关系图，业务数据图（Business Data Diagram）来自《软件需求与可视化模型》（Joy Beatty、Anthony Chen，清华大学出版社 2017 年版），业务实体关系图结合两者的优点，更便于实践。

因此，服务员与顾客是一对多的关系，如图 5-24 所示。

图 5-24 一对多关系

♪ 多对多关系：不同的顾客在点餐的时候，可以根据菜单点各种不同的菜品，也许客人甲点了咖啡和面包，而客人乙只点了咖啡。因此，菜品与顾客之间是多对多的关系，如图 5-25 所示。

图 5-25 多对多关系

根据对这三种关系的描述，我们把业务实体关系图中的元素进行汇总，如图 5-26 所示。

业务实体关系图中的元素	
元素	解释
业务实体	描述业务中出现的人、事、物的名称。业务实体中还可以补充属性信息。例如：业务实体 属性1 属性2
———	表示两个业务实体之间有联系
——— 1	与一个业务实体有联系
——— n	与多个业务实体有联系，其中 n 代表0到无穷大
——— $x \sim y$	与 x 到 y 个业务实体有联系，其中 $x < y$，且 x、y 是任意自然数

图 5-26 业务实体关系图中的元素

实际上，更常用的业务实体关系图是将不同的业务实体组合在一起，如图 5-27 所示。

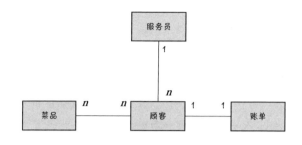

图 5-27　常用的业务实体关系图

关于业务实体关系图，还有一点需要大家关注，那就是业务实体也可以包含很多属性。比如，如果账单是数据对象，那么账单的属性就包括账单号、创建时间、支付时间、支付金额、下单人数等。因此，属性也是一类数据，是用来描述数据对象的数据。多个业务实体可以包含相同的属性，比如如果老师和学生是业务实体，那么他们都可以包含"年龄""姓名"这样的属性。

在业务实体关系图中，产品经理要区分业务实体和属性。如果在属性的基础上建立业务实体关系图，那么这个图形将异常复杂。因此，产品经理要从业务中提取关键业务实体，并找到它们的关系。

在实际工作中，产品经理要怎么区分业务实体和属性呢？

第一，在与需求方沟通时，关注对方说出的高频词汇，如××单、××表，一般这些词汇都是业务实体。

第二，看一看实际业务中的邮件、纸质单据、纸质表格之类的实物，这些一般都是业务实体。业务实体关系图中的业务实体是区别于其他实物独立存在的个体。因此，产品经理到实际的业务场景中去观察，会有不小的收获。

第三，从经验上来看，找到的数据对象一般都能用量词"类"来形容。比如，一类订货单、这类收据等。因此，产品经理靠语感也能进行检验。

找到了业务实体和属性只是第一步，更重要的是基于数据对需求进行分析。在数据库的知识中，对于数据的处理分为创建（Create）、查询（Retrieve）、更新（Update）和删除（Delete），简称 CRUD。因此，针对数据的操作在系统中就对应创建、删除、编辑、使用等操作，这些操作可能就是有待分析的需求或产品功能。

因此，产品经理从数据的角度探索需求时，可以查漏补缺。

那么，怎么基于数据操作进行查漏补缺呢？

我们需要一个如图 5-28 所示的图表。将每一种操作都填入表中，进而查漏补缺。如图 5-28 中的账单数据一样，我们找到了与之对应的创建、编辑、使用的操作，缺少了删除账单的数据操作。这时，产品经理就需要思考是否有删除账单的操作。如果有，那么就重新回到前面所说的流程图中，梳理一下业务故事。

数据	创建	删除	编辑 （包括更新、移动、复制等）	使用
账单	服务员下单	？	顾客增加了一道菜 咖啡厅少做了一道菜	咖啡厅收银员结账 顾客支付账单

图 5-28　数据处理的 CRUD

通过业务实体关系图，我们知道了数据之间是有关联的，对一个数据的创建、删除、编辑、使用进行操作，会对其他与之相关的数据，产生一定的影响。

总之，对数据关系的思考有助于产品经理进一步对需求进行理解和探索。

为什么不使用实体关系图呢？

高标：回川，我是不是直接学会用实体关系图就可以了？

回川：首先，我们要说 UML 一开始是让研发人员快速交流和分析如何写代码使用的，因此 UML 的工具很多是为技术人员服务的。实体关系图本质上是方便技术人员设计数据库。对于非技术出身的产品经理来说，使用实体关系图反而会增加学习成本。在需求分析阶段，产品经理的主要工作是发现需求的本质，技术人员会根据需求分析出如何编写代码。

回川：其次，在实际项目中，涉及设计数据库的项目，一般需要重构或从 0 到 1 进行搭建。我可以给你推荐一本零基础了解数据库设计的书——《自己动手设计数据库》，通过这本书，你可以了解到数据库是如何一步一步地被设计出来的，同时也可以理解数据库对于编写代码的重要性。业务实体关系图能帮助产品经理从数据的角度快速地了解业务，我们经常说 B 端产品经理要了解业务，也就是要知道这些关键的业务主体是什么、它们是怎么来的、上面的数据是怎么增加和减少的。因此，我们一直在强调数据驱动。

> 高标：好的。我的理解是产品经理要从数据的角度来理解需求，而不是从设计数据库的角度来思考需求。
>
> 回川：是的。同时，产品经理也要理解数据库对于编程的重要性。简单来说就是，从数据库的角度出发，系统的功能都是对数据库中数据的增、删、改、查。

3）数据流程图

数据流程图是一个分析需求非常有效的工具，它帮助产品经理把用户描述的具象需求抽象为产品需求。也就是说，产品经理在使用数据流程图的时候，已经逐渐从业务故事向产品故事过渡了。为什么数据流程图会起到这样的作用呢？这就需要从数据流程图依据的输入输出模型说起，如图 5-29 所示。

输入输出模型指的是输入信息，经过处理后再输出信息。产品经理设计的产品功能，也属于输入输出模型，即功能处理输入的数据并输出数据。因此，这也是本节一开始提到的"数据驱动"的概念，即行为产生数据，数据联系行为。我们基于输入输出模型，再做进一步的引申，功能基于数据存在，简单来说就是有数据的地方就有功能。

图 5-29　输入输出模型

产品经理使用业务实体关系图和数据流程图来探寻数据。如果把这两个工具比作电影的话，业务实体关系图就像海报一样，以静态的方式讲述数据之间的关系；而数据流程图就像电影一样，以动态的方式展现数据。换句话说，数据流程图主要讲述数据的流向，即数据的流入和流出，如图 5-30 所示。根据数据流向，划分出对应的功能需求。

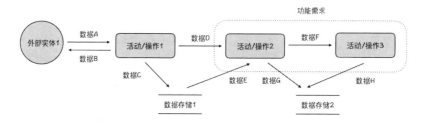

图 5-30　数据流程图

我们来看一下数据流程图中的基本元素，如图 5-31 所示。这里要说明的是，数据和数据存储来自业务实体关系图中的业务实体和属性，"活动/操作"与流程图中的"活动"是一个概念，都可以代指产品经理梳理的业务故事。

数据流程图中的基本元素	
元素	解释
数据 →	表示数据流，连接数据流程图的各个元素
外部实体	外部实体表示系统之外的人或事物，它可以成为整个数据流的起点或终点
数据存储	存储数据的区域。在现实中，可能是单据或表格
活动/操作	对数据进行操作，包括数据的流入和流出

图 5-31 数据流程图中的基本元素

我们接着以咖啡厅为例，具体感受一下数据流程图的用法。

> 侯女士：回川呀，你先帮我把点餐功能做到系统里吧！
>
> 回川：可以呀，我们先来看一下需要实现哪些功能。

首先，我们要假设存在一个系统。可以想象一下在需求蛋模型中，我们已经把我们想要的东西收集好了，并且已经完成了一个系统。

其次，我们要确认外部实体，也就是我们要设计的系统和功能之外的人和事物。外部实体可以来自业务实体关系图中的业务实体，比如我们为咖啡厅设计功能，显而易见的外部实体就是顾客和服务员。当然，外部实体也可以是物体或系统，比如咖啡厅要设计一个系统来监控厨房垃圾放入物业垃圾清理车的情况，那么这个垃圾清理车就变成了一个外部实体。

外部实体也可以看作系统中数据起始和结束的端点，也就是说外部实体是发起数据或最后接收数据的。在设计产品功能时，产品经理要关注"端到端"的流程，从而树立一种大局观，防止自己陷入细节。

确认了外部实体之后，我们来梳理一下数据的流转。每一步的操作或活动都会有输入和输出。数据存储可以理解为在现实中汇总并记录在本子、单据或表格上的数据，如花名册、账本、账单等。

把每一个步骤用数据流程图串联好以后，我们就在图上画个圈，把需要设计的产品功能区分出来。我们来看一个数据流程图实例，如图 5-32 所示，我们规划出了"推荐菜品功能"和"下单功能"，这个圈就是我们要做的系统范围或系统的边界，也就是说我们要做圈子里的功能需求，功能需求就是我们要思考的产品故事。我们可以让咖啡厅系统只有推荐菜品功能或只有下单功能，也可以让两者都有。在系统范围确定的情况下，我们才能进一步地分析需求。

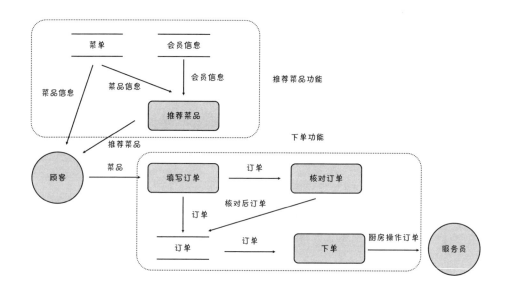

图 5-32　数据流程图实例

数据流程图比流程图更抽象一些，因此难度也更大一些，但是不要害怕，拿起笔，大胆地动手画起来。不要过分地考虑数据流程图与技术是否能够实现，要专注探寻现实中数据的真实流动。多画几次，没有哪张图是一次就能完成的。

另外，图形要以大家都能看懂为标准。查看不同的资料，数据流程图会有不同的标准和要求，不要被禁锢。流程图或文档，就像旅行照片一样，看到它能够让团队所有人都回想起需求的上下文背景。

最后，画数据流程图要从"端到端"入手，一步一步地深入细节。

有了数据流程图，我们可以得到系统的功能和范围，这就为我们使用用例图指明了方向。理解了数据流程图，能为设计产品架构打下良好的基础，我会在后面的章节为大家具体介绍。

如何理解"端到端"？

高标：我们应该怎么理解"端到端"呢？

回川："端到端"在技术、经管领域有很多定义。在产品领域，如果产品经理想要理解好"端到端"，就要做到能够理解业务和系统的全貌，也就是我们常说的大局观。比如，我们来看一个端到端的场景 1，如图 5-33 所示。你设计一个物流系统的入库功能，在分析需求的时候，你可以直观地分析人与系统之间的交互。换句话说，把人和系统作为开始和结束的两个端点。如果你退后一步再看一下，就可能是从 A 仓库到 B 仓库，即端到端的场景 2，如图 5-34 所示。你把 A 仓库和 B 仓库当作两个端点，如果 A 仓库有自己的物流系统，系统与系统之间就可能产生功能上的交互。简单来说就是，你要理解好产品的上、下游，思考一下你所做的产品会受到怎样的影响。

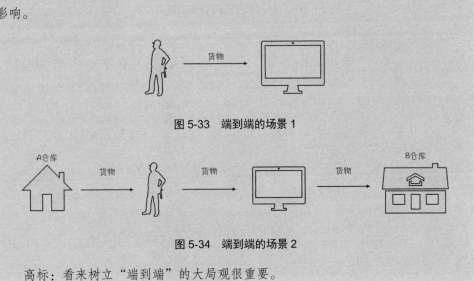

图 5-33　端到端的场景 1

图 5-34　端到端的场景 2

高标：看来树立"端到端"的大局观很重要。

4）状态图

状态图是进一步帮助产品经理思考的"利器"，它能够帮助产品经理思考产品的复杂度。

我们先来看一下状态是指什么，状态是在特定的条件下与业务实体相关的一组属性，也是业务实体的一种数据。系统中的业务实体在不同的状态下，会展示不同的内容，状态图就是用来描绘状态是如何流转和变化的。

我们来看一下状态图的基本元素，如图 5-35 所示。

状态图的基本元素	
元素	解释
状态	表示某个业务实体所处的阶段
开始/结束	像端点一样，标注一系列状态的开始和结束
活动	表示对业务实体产生作用的活动或操作，从而产生状态的变化

图 5-35 状态图的基本元素

状态图也很简单，如图 5-36 所示。这里要说明的是，状态图展示的是一个处在我们假想的系统中的业务实体的状态。换句话说，我们已经假设存在一个满足客户需求的产品，而一些数据在驱动产品运转。这些产品中的数据就是我们分析出来的业务实体，而且这个业务实体是驱动业务和产品的核心数据。因此，状态图主要展示的是一个业务实体在系统中的状态，而状态来自我们对业务的抽象总结。换句话说，状态来自产品经理基于业务理解的设计，系统中的活动会改变状态的流转，活动来自产品故事，可以理解为产品中的功能。

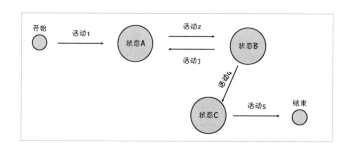

图 5-36 状态图

我们以咖啡厅为例，来看一下如何使用状态图。首先，我们要确认一个系统中关键的业务实体。确认业务实体的方法请参考前面提到的业务实体关系图和数据流程图。

　　在咖啡厅的例子中，我们就把订单当作系统中重要的业务实体，如图 5-37 所示。我们可以分析出，订单在这个流程中存在四种状态：创建、取消、已下单、已付款。当然，也可以增加其他的状态，比如从"介绍菜品信息"到"添加至订单"，订单可以考虑增加一个"待确认下单"的状态。当然，多增加一个状态，产品就可能多一些功能影响状态的流转。

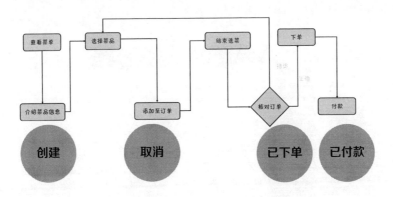

图 5-37　订单为系统中重要的业务实体

　　通过使用数据流程图，我们可以分析出关于点餐流程的产品故事或功能：下单、修改订单、付款、取消订单。因为我们已经知道了产品故事或功能的改变会导致订单状态的改变，所以我们要将状态进行连接，如图 5-38 所示。比如，如果下单功能存在，就会将订单的状态从"创建"转变为"已下单"。通过使用状态图，我们能够检验自己的状态图是否能够跑通业务。

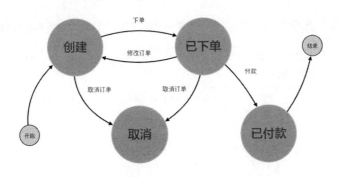

图 5-38　将状态进行连接

状态图是一种很重要的思考工具，因为它是从需求分析向产品方案设计的跳跃。产品经理在使用状态图时，就已经开始思考如何设计产品方案了。该怎么理解呢？产品的功能会导致状态的改变，而状态图只是展示正常流程下的状态改变。然而，B 端产品经常会出现异常流程，产品经理只有全面地思考 B 端产品的异常流程，才能输出完整的方案。因此，我们可以借助表格来思考我们遗漏了哪些功能，从而导致了状态的改变。我们来看一下订单的状态表，如图 5-39 所示。比如，从"已下单"到"已付款"，有一个"付款"的功能导致状态的改变。那么，状态表中的其他方格是否存在导致状态改变的功能呢？

状态	创建	已下单	已付款	取消
创建	无	修改订单	无	无
已下单	下单	无	无	无
已付款	无	付款	无	无
取消	取消订单	取消订单	无	无

图 5-39　订单的状态表

通过穷举的方式，我们可以检查和思考有哪些功能会导致状态的改变。根据状态表，我们可以看出越多的状态就有可能存在越多的功能，而存在越多的功能就有可能设计出越复杂的系统。因此，我们可以总结一个关于系统复杂度的公式。

$$系统复杂度 \approx 状态数量^2 - 状态数量$$

产品经理在思考产品方案时，一定要酌情控制产品方案中状态的数量，因为状态数量的增加会增加产品方案的复杂性和研发成本。状态图是从需求分析到产品方案设计的一次重要的跳跃。

3. 总结

按照数据驱动的思路，以挖掘业务数据为核心，产品经理用数据驱动的需求分析工具——流程图、业务实体关系图、数据流程图、状态图来梳理 B 端产品的需求，如图 5-40 所示。这些工具可以是文档中的插图，也可以是纸上的草稿，无论是什么形式，最终目的都是让团队中的所有人快速地了解需求，并以此为基础明确地写出需求文档。

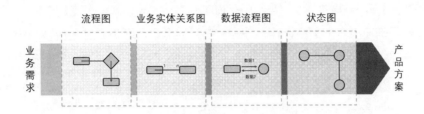

图 5-40　数据驱动的需求分析工具

理解需求分析工具的核心是，数据贯穿业务和功能的始终，只要产品经理发现了它，就能掌握产品和需求的脉络，也会和技术研发人员更好地沟通需求。

> 产品经理是否需要掌握 UML 中的类图、时序图等？
>
> 高标：UML 中还有很多图形工具，如类图、组件图、部署图、时序图等，产品经理需要掌握这些工具吗？
>
> 回川：你能问这个问题，证明你对 UML 已经有了一定的了解。对于这些图形工具，产品经理只要能够了解它们的用途是什么就行了。我们一直在说 UML 是针对面向对象的工具，这个工具是供研发人员使用的，使用完所有的 UML 工具，基本上就可以直接上手写代码了。比如，类图和对象图是通过需求来分析代码中的对象的。时序图表面上是流程图的一种变体，实际上在它的图形元素中，要画出 "if...else" 的逻辑判断。因此，对于没有研发经验的产品经理来说，掌握这些图也是有难度的，然而从另一个角度来说，产品经理理解这些图的用途和用法，也能直观地理解研发人员是怎么编写代码的。这也是一个掌握技术的思路。
>
> 高标：好的，我理解了。

5.4.4　需求分析的输出物：需求文档

经过数据驱动的需求分析之后，产品经理要把分析的结果输出成需求文档。这里所指的需求文档与产品的需求文档不同。最明显的区别是，这里的需求文档不涉及界面原型和交互的内容。界面原型和交互涉及的内容深入细节，修改频次和内容数量都很多，会使文档变得不易维护，同时也会使文档的内容变得庞大和复杂，并且会让文档的可读性变差。

当然，在实际工作中，产品经理会把需求文档和产品的需求文档合在一起。如果实践敏捷的开发模式的话，需求文档和产品需求文档模式就会更加模糊。在这一节，我们明确输出需求文档，并不是强调书写的形式，而是通过文档格式让大家了解，在分析需求的阶段更多地关注客户的业务流程，不要陷入实现产品的细节。

因此，我们在这里提到的需求文档更多的是描述需求范围的，也就是告诉团队：我们要做什么。接下来，我们对这份文档包含的模块进行解读。

1. 需求的背景信息介绍

我们先来看一下需求文档的背景信息介绍：名称、背景、目标和收益，如图 5-41 所示。

给需求起一个好名字，可以让团队成员快速地了解要做什么事情及要实现的目标是什么，这个名字最终会成为实现这个需求而使用的项目名称。

产品经理最好把需求的名字给技术同事、业务同事都看一下，看看他们对名字的理解是否有歧义。

在起好名字之后，产品经理再描述需求的背景及为什么要做这个需求，然后在文档中讲清楚做这个需求的预期收益及想实现怎样的目标。

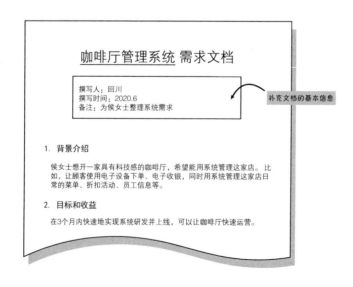

图 5-41　需求文档的背景信息介绍

背景、目标和收益的内容可以来自用户调研报告、产品路线图或市场需求文档。无论信息的来源是什么，需求实现的目标都是最关键的，它能够让团队不忘记启程的初心。

2. 需求内容的描述

接下来，我们进入需求文档的核心部分——对需求内容的描述。

首先，我们要列出角色列表，如图 5-42 所示。角色来自对流程图的梳理和对业务故事的梳理，主要说明他们是谁、在业务流程中做什么，特别是在产品中可以做什么。

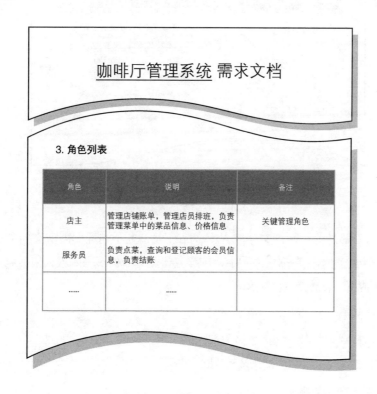

图 5-42　需求文档中的角色列表

然后，我们来介绍一下主要业务，如图 5-43 所示。我们要用流程图列出业务的主要流程，因为后面的需求说明将按照主要流程列出需求内容。再在文档上加入需求分析时的业务实体关系图和状态图，产品经理可以在实体关系图后面，解释每一个元素的具体定义，以及具体包括的属性数据。产品经理提供这些内容，有助于理清业务概念和核心数据，也可以帮助技术同事拿到需求、设计数据结构。

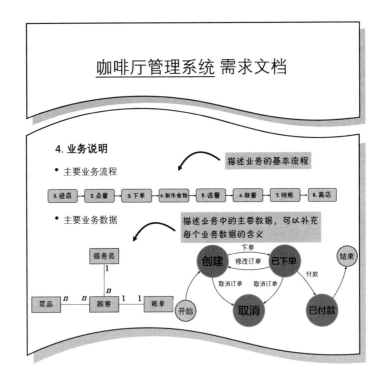

图 5-43　需求文档的主业务

以上内容都是为了阅读文档的人或产品经理，更好地理解需求文档中的需求说明，如图 5-44 所示。在需求说明中，按照主要业务流程填写内容，包括业务故事、说明（产品故事）、涉及的角色和备注。

- 业务故事

业务故事来自流程图中的 2 级流程图的内容（见图 5-21），即对主要业务流程的细化，具体请参考上一节中关于流程图的内容。

- 说明（产品故事）

说明是业务故事对应的产品故事，即涉及角色操作产品的流程，但是不涉及产品原型和产品交互，以免增加文档的复杂性。因此，我们用故事的形式进行表述。产品故事包含两个最基本的信息：故事描述和验收条件。

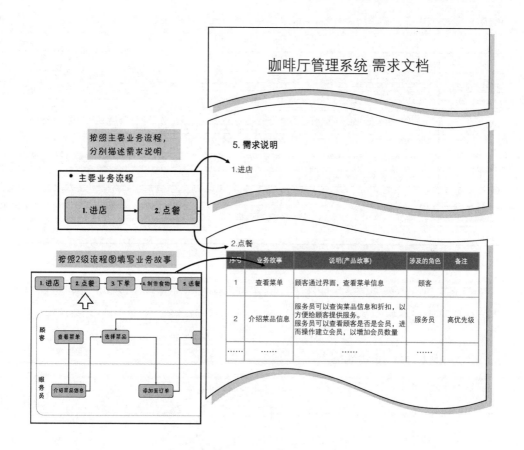

图 5-44 需求文档的需求说明

在产品故事中，主要描述用户想要实现的功能。《用户故事与敏捷方法》一书中给出的模板是"作为一个（填入我的角色），我想要（填入我想要的东西），以便于（填入得到东西之后实现的收益）"。我们将其切换成结构化的形式。

♬ WHO：用户是谁？

♬ WHAT：用户想要什么样的功能？

♬ WHY：为什么想要这样的功能，以及实现它的价值是什么？

而验收条件是需求实现以后是否满足了用户的期望，比如如果咖啡厅老板希望顾客能够使用手机快速支付，那么验收条件就是能实现支付宝或微信支付的功能。

产品经理在书写产品故事的过程中也可以参考用例说明，如表 5-2 所示。用例中的前置条件、扩展描述、后置条件都可以写成一个产品故事，产品经理不用特别严格地区分用例和故事，关键是描述出需求的细节。

表 5-2　用例说明

内　　容	解　　释
名称	用例的名称是什么，比如"下单"
角色	谁来使用这个功能，或者谁来推动这个用例的实现
前置条件	用例/需求发生的前提，或者系统的状态。比如，向用户推荐内容的前提是用户已经登录账号
需求描述	对于需求内容的描述，可以描述操作成功的正向流程，也可以描述操作失败的逆向流程，比如下单失败后的操作
扩展描述	可以描述触发失败的操作，或者选择另一条件下的操作
后置条件	执行需求操作，一定会得到的信息或状态
备注	填写一些注明的信息

- 涉及的角色和备注

涉及的角色用来强调故事中所涉及的角色，便于产品经理在设计产品时思考权限。备注是用来补充信息的，比如优先级。

3. 补充内容：非功能需求

非功能需求是一个系统的特征，一般用形容词或副词来表示，如快捷、安全、高效、稳定等。在英文中，这些形容词和副词都会有比较级和最高级，也就是说，这些词语可以用在功能与功能之间、系统与系统之间、产品与产品之间的比较中。客户用这些形容词和副词对产品进行了比较之后，就会对产品进行选择。

如果想要打造出一款吸引人的产品，产品经理就要将心思多分给非功能需求一些。

获得非功能需求的途径是得到客户对系统的期望。在这里，为大家提供一个已经总结好的非功能需求清单[①]，如表 5-3 所示。当然，给出这个列表并不是要求系统和功能要满足所列的全部非功能需求，也不是要非功能特性一定与所列内容相同，而是为产品经理提供挖掘非功能需求的思路，以及提示产品经理如何与客户进行有效的沟通。

---

① 非功能需求清单来自国际标准组织，该组织在 2011 年发布 ISO/IEC 25010 软件质量模型。

表 5-3 非功能需求清单

特　性	子　特　性
功能适合性	功能完整性
	功能正确性
	功能适当性
性能效率	时间特性
	资源利用率
	容量
易用性	被识别的适当性
	易学习性
	易操作性
	用户错误防御
	用户界面美观
	可访问性
可靠性	成熟度
	可用性
	容错性
	易恢复性
安全性	保密性
	完整性
	抗抵赖性
	责任
	真实性
可维护性	模块性
	可复用性
	易分析性
	易修改性
	易测试性
可移植性	适应性
	易安装性
	可替代性

　　书写非功能需求就像对手机进行测评一样，总是要把性能的好坏拆分成各种具体的参数和跑分，只有量化的标准才可以进行参考和比较。因此，非功能需求也要做到可量化，如搜索单号要在 0.5 秒内反馈结果。同时，非功能需求也是对整体系统和软件的要求，如搜索单号要在 0.5 秒内反馈结果，那么整体的软件功能都要符合这样的要求。

以上就是我们在分析需求阶段要得到的需求文档。

在这一节，我们明确了需求的概念，了解了探索的指导思想——数据驱动，也了解了解析需求的工具和最后的输出物——需求文档。虽然在这里尽量完整地为大家列出了分析需求的方法，但是在应用时大家一定要结合自己所在的公司和团队的实际情况来选择使用的工具和方法。

总结：分析需求

- 在这个活动中，产品经理需要做什么？

使用图形化的工具，对业务方的需求进行抽象化和具象化并形成结构化的文档，以推进后续开发。

- 做活动之前要准备什么？

第一，竞品分析报告。

第二，市场需求文档。

第三，客户调研报告。

第四，产品路线图。

- 有哪些工具或方法？

第一，会议。产品经理与需求方一起讨论需求，能够高效地了解需求。

第二，UML。通过学习 UML，产品经理可以了解面向对象的开发思路，同时也能够使用这些工具与研发同事进行高效的沟通。

- 在活动结束以后得到了什么？

需求文档。

- 产品经理还要关注什么？

分析需求时，产品经理要结合自己所在公司和组织的具体工作环境。比如，书写需求文档时，产品经理要根据收到的需求，合理地安排书写的内容。比如，优化类的小需求就不一定需要完整规范的需求文档，只需要使用故事的方式将需求写明，后续跟进研发就行了。

分析需求要力求准确，然后在此基础上进行精确。不然，花费了巨大的精力深入细节之后，发现弄错了方向，这就非常浪费时间了。

5.5　管理需求：打造简单、可实践的需求池

只要需求还在胚胎中孕育，产品经理就要时刻管理好它。直到需求诞生、上线以后，产品经理才会暂时露出欣慰的笑容。管理需求是贯穿 B 端产品管理的活动，产品经理需要结合之前的市场调研、客户调研、产品路线图、需求文档等，管理好数量众多的需求。

5.5.1　为什么要做需求管理

总是做迫在眉睫的事情，会令人丧失目标。

产品经理每天忙着处理需求，虽然很充实，但是非常耗费精力，如果长时间这样就会缺乏动力。如果一个组织或团队在处理大量的需求时缺少节奏和规划，就会产生消极的影响。从小的方面来看会影响团队士气，从大的方面来看会影响组织既定目标的实现。

产品经理要做业务运营团队和技术团队之间的桥梁，保障业务运营团队从自己这儿输出高质量的需求，也要保障有不同知识背景的团队能够通过需求进行高效的沟通，从而快速地推进上线。

1．需求管理是什么

需求管理是指通过协作来管理需求内容和进程，最终实现成功发布的目的。产品经理通过需求管理的方法，用高效和轻量化的方式，精准地做出需求，以实现预期的效果。

2．需求管理的宗旨是什么

我们可以将需求管理的宗旨总结为 12 个字：积极主动、知识共享、相互尊重。什么是宗旨？我们可以将其理解为需求管理方法论的价值观。这套方法论的每一个细节都应该遵循这个宗旨来实践、发展和进化。也可以说，宗旨是需求管理能够带来和体现出的价值。

"积极主动、知识共享、相互尊重"的宗旨源自美国西南航空的价值观。美国西南航空是一家从事廉价航班运营的航空公司，在航空业受到"9·11"事件巨大打

117

击和航空业极为复杂的管理模式下，它依然保持了盈利。美国西南航空的价值观恰恰与应对复杂的需求管理相契合，因此它成为需求管理的宗旨。

接下来，为大家分别解析一下宗旨代表的内容和含义。

⚉ **积极主动是核心**，具体是指团体成员能够积极主动地承担责任。

在《高效能人士的七个习惯》一书中，积极主动也被列为很重要的素质。在管理需求的过程中，每个人都要有担当能够忽略角色去做事，这也是敏捷开发中所推崇的。一个产品经理在不同的需求中，可能既是梳理需求、输出原型的角色，又是测试的角色。虽然产品经理在团队中从事着不同的工作，但是通过管理需求达到的目标不变。因此，产品经理做需求就像在战场上战斗一样，必须明确需求的目标！这样，团队就会像战士一样，即使身陷重围，也会想尽办法向着胜利的方向前进！

⚉ **知识共享**是指分享不同团队的领域知识，减少沟通的未知区域，从而避免在沟通中产生误解。Johari 窗格沟通理论专门提到沟通分为四个区域：开放区、盲目区、隐秘区、未知区，如图 5-45 所示。在沟通中，大家应该通过扩大开放区来提升沟通的效率和效果。我们可以用一个更精练的词语来形容沟通的方法，那就是"公则生明"。"公则生明"的意思是将信息公开透明，可以增加团队之间的信任，只有在信任的基础上进行沟通，才会更有效率。公开信息的方式有很多，如使用在线文档，让与需求相关的同事都能看到需求的进度和细节，一起协作办公。

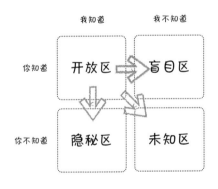

图 5-45　Johari 窗格

从另一方面来说，及时、尽早地把问题暴露出来，可以最大限度地减少解决问题的成本，防止问题过度积累。如果问题在临上线阶段才暴露出来，就可能带来一些灾难性的后果，甚至让整个需求崩盘。

　　♫　相互尊重是指尊重每一个人的人格、劳动及输出成果。

　　在管理需求的过程中，产品经理要与不同岗位的人打交道。每个人都有不同的立场和不同的知识储备，看待问题也必然有不同的观点和角度。因此，大家在合作的过程中，需要相互尊重。相互尊重的内在要求是人格上的尊重，不能因为分歧而诋毁对方的人格；外在要求是尊重别人的劳动成果，不要站在自己的立场上去评判别人的劳动成果，如报告、产品原型等。尊重他人的劳动，就是在尊重他人。

　　这就要求产品经理时刻以开放的心态来处理工作中的问题，张小龙的名言——"我所说的都是错的"，正是体现了产品经理的开放心态。

　　本节内容更像大家熟知的常识，不过常识并不常用。把常识融入产品经理日常的行动中，可以事半功倍，至少可以让产品经理不犯错。

5.5.2　需求管理中的利益相关者和角色

　　产品经理需要识别出需求的利益相关者，这是需求管理非常重要的起点。在后续的需求管理活动中，产品经理要与利益相关者和角色进行紧密合作。首先，我们来看一下利益相关者和角色分别指什么。

1．利益相关者

　　在调研客户中，我们已经谈到了利益相关者的概念。在需求管理中，我们要更加明确利益相关者是与需求相关的人或组织。

　　利益相关者在需求管理中起着重要的作用，特别是在做跟业务流程密切结合的需求时，找到并找对利益相关者是极为重要的。需求中的每一个人都会从自己的立场出发提出需求，可能不经意间破坏别的业务线流程，这个时候就需要产品经理从全局的角度来思考需求，或者找到能从全局思考的利益相关者来帮助自己找到需求中的障碍。因此，有人就会有角色，不同的角色必然也会有不同的关注点，被忽略的关注点都变成了"坑"。

　　再补充一点，需求可能存在二律背反的情况。通俗一点来说就是，提出一个优化改善的需求，可能损害其他流程或角色的利益。有时，产品经理需要找到需求的损害者，从而更全面地了解需求。因此，产品经理在做 B 端产品时，如果发现需求没有利益受损方，那么这个需求可能还是不完整的。

找到并找对需求的利益相关者，对于需求管理来说非常重要，也有助于产品经理分析需求。

2. 需求管理中的角色

在电视剧《西游记》中，六小龄童扮演了十几个角色，除了孙悟空，还有道士、和尚之类的角色，唐僧的角色有3位演员扮演过。同理，在需求管理中，利益相关者就像演员一样可以在需求管理中担任多个角色，以下是需求管理中的角色。

♪ 需求人

顾名思义，需求人是真正提出需求并描述需求细节的角色。这个角色可以是任何利益相关者，可能是产品经理，也可能是业务同事。毕竟，产品经理是一个负责从四面八方收集需求的人。一般要将需求人与其所在部门联系在一起，这有助于产品经理判断其所提需求的立场。

♪ 负责人

负责人来自业务部门，主要工作是收集需求人的需求，从业务的角度对需求进行梳理和判断，并转发给产品经理和研发同事。当业务团队的人数远远大于技术团队的人数时，负责人的角色就非常重要了。如果业务团队的人数小于或等于技术团队的人数，就可以省去这个角色。

负责人要对需求进行初步筛选，毕竟评估需求也要花费时间，特别是花费研发同事的时间。初步筛选需求可以大大提高评估需求的效率。

♪ 产品经理

产品经理是需求管理的组织者、推动者，以"积极主动"的态度与需求管理的相关角色进行沟通。

♪ 研发经理

研发经理是研发资源的管理者。这里指的研发经理一般带四五个人的小团队，因为他们了解每个研发工程师的工作和能力，能够协助评估业务需求。

♪ 研发工程师

研发工程师是实际参与研发需求的程序员。

♬ 测试工程师

　　测试工程师是参与需求测试的测试人员。还可以根据公司的组织架构，增加测试经理的角色，测试经理也是带四五个人的小团队的。

产品经理要变成一座桥梁，与不同的角色进行沟通和协作。在后面介绍的需求管理流程和需求看板的管理方法中，产品经理都与这些角色紧密相关。

3．识别利益相关者和角色

前面提到了这么多的角色，那么怎样才能找到正确的人，让他们对号入座呢？

这就需要产品经理了解所在公司及团队的组织架构了，这是识别利益相关者和角色的关键。产品经理可以根据组织架构，了解与研发、测试相关的角色。同时，产品经理通过组织架构的指引，可以与业务团队进行沟通，了解业务团队的业务背景、知识和团队文化。

当然，更重要的是产品经理可以通过与组织架构和业务团队进行沟通，寻找潜在的需求人。正如前面提到的，B 端产品的需求一般都有利益受损方，产品经理要努力找到他们。

我们已经了解了需求管理中的各种角色，接下来为大家介绍一下需求管理的运行流程。

5.5.3　需求管理的模式与公交模型

需求管理的运行流程包含两个模式：急诊模式、登机模式。在这里，为大家介绍一下这两个模式与公交模型的关系，并且为大家提供一套应对"越快越好"类需求的方法。

1．破解"越快越好"的局面

在产品经理接到来自各部门的需求时，每个需求都会被打上"越快越好"的标签。从提出需求的人（需求人和负责人）的角度来看，研发资源是稀缺的，老板的要求是急迫的，如果不强烈地表达出需求的紧急性，那么自己的需求就排不上。这就像在飞机迫降之后，每个乘客都会本着"越快越好"的想法奔向出口一样，如果没有空乘人员的指挥，最后大家都会慌不择路地堵在出口，反而会延误时间。

产品经理应对这些需求的方法是化散乱为规律，化紧急为预测。也就是说，产品经理应该把这些散乱、紧急的需求，化为有规律、能预测的需求。在需求管理的实际场景中，产品经理可以借鉴急诊室的场景来规划"越快越好"的需求，让需求管理有序地运行。

这些需求就像来看急诊的病人一样，病人都觉得自己应该得到最快地救治。可是医疗资源有限，医生只能先救治危重病人，病情较轻的病人要先等一下。这个时候，需要有一个预检分诊的流程，预先对病人进行判定和分诊，从而让急诊室高效地运转，如图 5-46 所示。

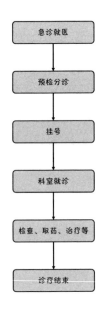

图 5-46　预检分诊的流程

借鉴急诊室的做法，我们为需求增加了一个"预检分诊"的预处理模式，对需求进行区分，在研发资源稀缺的情况下，优先处理真正紧急的需求。

2. 让需求管理运转——公交模型

前面提到病人去急诊室就诊时，我们安排了预检分诊（预处理）的流程。这就需要一个房间，让病人们可以在那里等候并安排医生进行诊断。然后，病人根据预检医生的诊断，再去对应的科室就诊。

如果要让这个流程在需求管理中正常运行，就需要采用公交模型。

公交模型来自火车模型发布模式。《启示录：打造用户喜爱的产品》这本书对火车模型发布模式的定义是"以固定的周期持续发布产品，如果某项既定功能未完成，就挪到下个周期发布的开发方法"，基于这个定义衍生出一个更加通俗易懂的名字——公交模型。

公交模型并不高深，它与我们的实际生活经验紧密相连。回想一下我们坐公交出行，假设从家到公司要换乘 3 趟公交车，每趟公交车之间都有发车间隔和到站时刻。我们按照规划好的路线，到公交站等车，公交车来了，我们上车，然后到换乘站下车再等车。下一趟公交车来了，我们再上车。就这样，直到我们到达目的地。

从日常的公交车换乘中，我们可以提炼出几个概念：出行路线、发车间隔、到站时刻。

对应在公交模型中，出行路线被称为"需求管理流程"，发车间隔被称为"需求管理周期"，到站时刻被称为"需求时间"。

- **需求管理流程**

需求管理流程是指在需求管理中，按照顺序依次进行需求管理活动。

需求管理活动分为两个阶段：需求收集和需求设计，这两个阶段是依次进行的。先进行需求收集，再进行需求设计。需求收集是开放地收集需求，形成需求池。需求设计是按照需求池中需求的优先顺序进行方案设计，然后进行需求评审，并将需求进行整合，最终输出为项目。因此，在需求设计阶段，也确定了项目资源和排期。

每一个阶段的需求管理活动都对应一个指导原则。指导原则就是急诊模式、登机模式，急诊模式指导需求收集，登机模式指导需求设计。在前面的内容中，已经用急诊室的场景为大家介绍了急诊模式，在后面的内容中，会为大家介绍登机模式。

- **需求管理周期**

需求管理周期简称"周期"，指的是需求管理活动按顺序重复出现，完成需求管理活动的时间叫作需求周期。

一般的需求周期是 80 个小时，"80 小时原则"来自项目管理中的工作分解结构。根据项目管理的经验，将一个项目中的工作按照 80 个小时的工作量进行拆分是比较合理的。因此，每一类需求管理活动都按照两周（每周 5 个工作日、每个工作日 8 个小时）的工作量进行。

我们用公交模型示意图来说明，如图 5-47 所示。需求收集、需求设计是两辆同时发车但路线不同的公交车，两辆公交车运行一趟的时间是两周。需求相当于乘客，要根据路线（需求管理流程）在公交站等车。在需求设计阶段的终点，需求进入了新的阶段，变成了研发项目，产品经理要根据项目排期进行跟进。

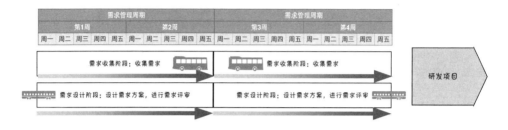

图 5-47　公交模型的示意图

- 需求时间

在需求管理活动中，进行某一项具体活动的时间就是需求时间。一般来说，需求时间的确定意味着规则的产生。比如，在需求设计阶段，每周二下午两点是一个约定好的时间，产品经理召集大家开排期站会，与需求相关的人员都要参加。因此，产品经理不能一意孤行地确定需求时间，要协调好所有相关人员的时间。

- 运转模式

从一个需求开始到发布上线的生命周期来看，公交模型的运转模式是这样的，如图 5-48 所示。需求在经历了需求收集、需求设计阶段之后，一个或多个需求会合并成项目，进行排期开发。

图 5-48　公交模型的运转模式

从需求管理周期的角度来看，无数的需求按照公交模型去流转。从参与的角色来看需求管理周期，如图 5-49 所示。每一个周期中的需求收集、需求设计阶段，参与者的工作都是连续、可预测的。每个角色各司其职，让需求管理顺畅地进行下去。值得关注的是，在需求设计阶段的需求排期，既可以评估需求，又可以回顾正在研发的项目，评估需求成为项目需要的时间和资源。因此，在需求设计阶段，如果需求设计方案不断地被评审通过，就可以不断地生成项目进行研发。

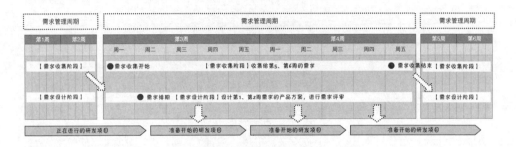

图 5-49　从参与的角色来看需求管理周期

5.5.4　急诊模式在需求收集中的应用

前面提到需求就像来急诊室看病的病人，我们要通过预检分诊来对其进行判断，从而匹配出对应的资源。

那么，在实际的场景中，产品经理应该如何应用急诊模式呢？

1. 关注需求人和负责人

我们先来回忆一下，前面提到的需求管理中的角色——需求人和负责人。

需求人来自公司或组织，他们是提出需求的人。

负责人负责收集需求，特别是业务需求。如果业务团队的人数远远大于研发团队的人数，这个角色就会非常重要。需求人和负责人在应用急诊模式时，处于比较重要的位置。为什么呢？我们来看一下急诊模式的应用流程，如图 5-50 所示。其中，圆角方形代表操作步骤，直角方形代表输出物。提醒一下，前面的章节提到需求人和负责人只是一个角色，而在实际工作中，一个人可以既是需求人又是负责人。

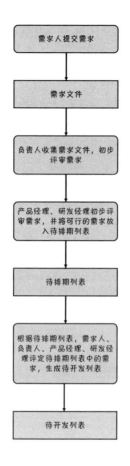

图 5-50　急诊模式的应用流程

第一，需求人提交需求。提交需求时，可以使用需求模板，这个工具在后面会为大家介绍。

第二，负责人收集需求文件，初步评审需求。如果需求存在不合理的情况，特别是业务流程不合理，负责人可以将需求打回，让需求人重新整理。

第三，产品经理、研发经理初步评审需求，并将可行的需求放入待排期列表。产品经理拿到负责人评审通过的需求以后，与研发经理一起对其进行初步评估，判断需求是否可行，将可行的需求放入待排期列表，将不合理的需求打回。待排期列表的模板在后面的内容中会为大家介绍。

第四，根据待排期列表，需求人、负责人、产品经理、研发经理评定待排期列表中的需求，生成待开发列表。在这个过程中，产品经理会用到一个工具——排期站会。经过排期站会以后，生成待开发列表。

通过以上步骤，我们可以看出需求人和负责人要从业务流程的角度对需求进行初筛。如果产品经理不熟悉需求中的某个业务，那么负责人和需求人将起到很重要的作用。随着产品经理对业务的了解逐渐加深，负责人和需求人的作用会逐渐减弱。

2．关于时间的把控

在公交模型下，会有两辆"公交车"，即需求收集和需求设计。因为需求管理的时间周期是两周，所以每辆"公交车"的发车周期也是两周。换句话说，在需求收集阶段，执行急诊模式操作步骤的时间是两周。在需求管理活动中，进行某一项具体活动的时间点是需求时间。因此，我们需要关注几个重要的需求时间。

    ♫ 需求收集开始和结束的时间

       我们要关注需求收集开始和结束的时间，二者相减约等于两周。因为每个公司的工作习惯不一样，可能会涉及固定时间点的例会等，所以需求开始时间和结束时间的设置要灵活。同时，需求收集开始和结束的时间有一定的原则性。产品经理要使用各种方法影响需求人，让他们不要在快结束时提交需求。以赶火车为例，乘客总要提前一会儿到达车站，因为还有检票、进站等环节。同样，需求人在快结束时提交需求的话，产品经理和研发经理评审需求的时间就会被极度压缩，从而影响评估需求的质量和排期站会的质量。

       因此，为了避免发生这种情况，产品经理可以在需求收集结束的前 5 天，发送排期站会的会议邀请，提醒大家赶紧提交需求。

    ♫ 排期站会的时间

       排期站会的时间紧邻需求收集的结束时间。换句话说，需求收集结束以后，立刻开始排期站会。因为排期站会需要需求人、负责人、产品经理、研发经理及研发工程师参加，所以产品经理要协调大家的时间进行会议，排期站会的时长控制在一小时以内。

总之，在需求收集阶段，产品经理要应用急诊模式的步骤来处理需求。接下来，我们一起来看一下需求管理永远绕不开的话题——优先级。

5.5.5 需求池的核心：优先级和重要性

说到需求管理，我们最先联想到的就是需求池和优先级。每个产品经理都有一个装满各式各样需求的需求池。那么，产品经理应该如何打造需求池呢？

1．什么是需求池

顾名思义，需求池就是放需求的地方，需求储藏在需求池中，如图 5-51 所示。需求池更像一个游泳池，不同的泳道代表需求不同的状态。需求的状态一般包括筹备中、待排期、待开发、开发中、待测试、测试中、待上线、已完成等。相同状态的需求可以汇集在一起，比如待排期状态的需求可以汇总成列表样式，形成待排期列表。因此，需求池有多种状态的需求，它会以合适的形式汇总需求。然而，建议不要形成太多不同状态的需求，太多不同状态的需求会增加管理的难度，也不容易与其他人员达成一致。

部门	需求名称	重要性(1~100)	优先级	状态	需求人	负责人	产品经理	系统	研发经理	需求提交日期	期望完成日期	备注

图 5-51 需求池

当然，需求池中不同状态的需求可以用不同的形式展现。比如，待排期的需求可以用列表的形式展现，待开发的需求可以用看板的形式展现。

2．优先级——需求的分类和排序

需求池中最重要的元素就是优先级，优先级的表现形式有很多种，包括数字（1、2、3）、汉字（高、中、低）、字母（A、B、C）等。从直观的意义上来讲，优先级可以用来给需求排序，优先级高的需求可以优先安排资源开发。

同时，优先级也可以对需求进行分类，同一优先级的需求可以归为一类，如表 5-4 所示。需求优先级的定义可以根据所在公司、组织及所经营的业务来进行综合评估，比如产品经理所在公司制定出的战略目标是降低成本和增加收益。其中，降低成本的优先级较高，而增加收益的优先级相对较低，因此产品经理在应对需求的

时候，就可以将它们分为降低成本的高优先级需求和增加收益的低优先级需求。

表 5-4 需求的优先级

优 先 级	定 义
5	最高优先级——与公司战略和规划相关的需求
4	与业务发展、收入增长相关的需求
3	与降低成本相关的需求
2	与提升工作效率相关的需求
1	与提升系统用户体验相关的需求

3．重要性——优先级的辅助

前面介绍了需求的优先级，但是有一个问题，需求的数量一般比需求的优先级多，多个需求可能是同一个优先级，那么同一个优先级的需求又该如何区分呢？

为了区分同一个优先级的多个需求，需要重要性辅助优先级来管理需求。重要性是什么？重要性是对需求进行打分，分数范围是 1～100 分。每个需求都会对应 1个分数，每个需求的分数都是唯一的。如表 5-5 所示，需求 A、需求 B、需求 C、需求 D 分别对应 97 分、85 分、90 分、45 分。根据分数从高到低进行排序，优先做分数高的需求。需要注意的是，重要性的分数只是用来排序的，不代表其他信息。

表 5-5 需求的重要性

需 求	重 要 性
需求 A	97 分
需求 C	90 分
需求 B	85 分
需求 D	45 分

另外，在对需求打分时，需求之间不要打连续的分数。因为在工作中，可能有突发的需求插入。比如，需求 A 为 97 分，需求 C 为 90 分。这样，分数的间隔可以用来插入突发需求以调整研发计划。

除此之外，在打分时，有一个窍门：可以按照优先级来打分。比如，表 5-4 中共有 5 个优先级需求，那么我们就可以对重要性分数进行均分，即需求为优先级 5 的分数在 81～100 分之间，需求为优先级 4 的分数在 61～80 分之间，以此类推。这样在打分时，我们就可以减少思考，快速打分了。

4．优先级和重要性的关系

最后，我们从整体的角度来分析一下优先级和重要性的关系。

优先级和重要性是需求池的核心。什么是核心？优先级和重要性一旦被确定，就将贯穿需求的整个生命周期，所有的资源都将根据优先级和重要性被安排。换句话说，如果是高优先级和高重要性的需求，那么无论在需求的哪一个状态中，都会被优先安排资源。也就是说，在筹备、开发、测试等各个阶段，高优先级和高重要性的需求都会被优先安排资源。

产品经理在处理跨部门需求时，使用优先级和重要性是非常重要的。原因在于优先级已经对需求进行了分类，可以用来比较不同部门之间的需求。同时，重要性只能用来比较一个部门内的需求，重要性的分数不能跨部门比较。比如，采购部门重要性是 100 分的需求与销售部门重要性是 90 分的需求，在分数上是没有可比性的。

优先级和重要性只是处理需求的工具，更重要的是如何给需求划分优先级和重要性。方法有很多，可以借用项目管理的一个概念——项目组合管理，百度百科对其的定义是"项目组合管理是指在可利用的资源和企业战略计划的指导下，进行多个项目或项目群投资的选择和支持。项目组合管理通过项目评价选择、多项目组合优化，来确保项目符合企业的战略目标，从而实现企业收益最大化"。

这个概念有点绕，我们只需要关注一个词——符合企业战略，划分需求的优先级和重要性要紧密围绕企业和组织的战略。如何划分优先级和重要性可以看作项目组合管理方法论的范畴，SWOT 分析、KANO 模型、MoSCoW 原则等[1]都是划分优先级和重要性的工具。因此，在符合企业或组织的战略目标下，我们可以通过项目组合管理的方法，先把收集到的所有需求都标注好优先级，再对这些需求进行分组，形成需求组，然后将同一组的需求赋予不同的重要性分数。因为需求组之间的划分标准不同，所以不同需求组的需求的重要性分数没有可比性。这里提到的需求组可以具象地理解为部门或某个项目，比如财务部门提出的需求就可以归为一个需求组。

因此，从实现企业战略的角度来看，高优先级的需求在划分给不同的需求组以后，可能并不会被赋予很高的重要性分数。但是，企业战略与优先级密切相关，不

---

[1] KANO 模型和 MoSCoW 原则是目前比较流行的需求优先级评定方法。KANO 模型把需求分为基本（必备）型需求、期望（意愿）型需求、兴奋（魅力）型需求、无差异型需求、反向（逆向）型需求，而 MoSCoW 原则将需求分为 Must Haves、Should Haves、Could Haves、Won't Have。

同部门（需求组）所提出的需求都要以企业战略为核心，因此优先级可以用来比较不同部门之间的需求（需求组）。

回顾之前的内容，在规划产品路线阶段，产品经理已经输出了产品发展路线图。规划好的产品发展路线图也是分析企业发展战略得到的输出物，对每一步的发展都规划了优先级。产品发展路线图中的优先级是从宏观层面设立来指引方向的，而需求管理中的优先级是从微观层面设立来关注落地执行的。因此，产品经理要有效地利用产品发展路线图来指导、设立需求管理中的优先级和重要性。

总之，优先级和重要性只是处理需求的手段和工具，它们背后的核心是企业和组织的战略目标，产品经理要灵活使用。

5.5.6　需求收集的工具

接下来为大家介绍需求收集的工具：需求收集模板和排期站会。

1. 需求收集模板：用户的愿望清单

需求收集模板应用在需求收集阶段，如图 5-52 所示，便于需求人提供和描述相应的需求，也便于负责人、产品经理、研发经理等评审需求。用模板规范需求的内容可以提升沟通的效率，快速地提取需求信息，便于存档和查阅。

系统需求反馈表	
项目/需求名称	
需求提交部门	
需求人	
功能使用角色	
使用频次	
提交时间	
优先级	
重要性	
需求涉及部门	
系统功能位置	
业务背景	
预期完成效果	
需求说明	

图 5-52　需求收集模板

接下来，我们对需求模板的信息做进一步的说明。

♪ 需求提交部门

填写需求人所在的部门。

♪ 功能使用角色

可以对业务主管、业务经理等使用者的职位进行描述。

♪ 使用频次

单位时间内预计使用功能的次数。比如，10 次/月，这样做有助于产品经理判断此需求的优先级。

♪ 提交时间

记录需求提交的时间，以便使用"先入先出"原则。

"先入先出"原则源于仓储的概念，是指先进入仓库的商品先出库。比如，食品行业有保质期的要求，生产日期越早的食品就要越早出库。再说得形象一点儿，我们可以把处理需求的过程理解为一根管子，先进入管子的需求先从另一端流出。因为需求对应的场景和业务变化得很快，如果需求积压太久，就会贬值，跟不上现有业务的发展，所以要使用"先入先出"的原则。

♪ 优先级和重要性

优先级是将需求按照不同的类型进行划分。常见的优先级划分是高、中、低及用简单的数据代替，优先级是对部门之间的需求进行比较。重要性是对需求进行打分，是对优先级的补充，它是对部门内部的需求进行比较。

♪ 需求涉及部门

需求人提出的需求可能会涉及其他部门，产品经理应该评估需求可能带来的影响。同时，驱动需求人在提需求时，能跨部门进行思考，提高需求的可行性。毕竟，我们在前面也说过，没有利益受损方的需求，不是完整的需求。

♪ 系统功能位置

对于系统功能优化类的需求，产品经理可以注明原有需求的位置，或者想要添加的功能页面。

♪　业务背景

也可以称为需求背景。想象一下，如果需求是一部电影，是不是要介绍这个故事发生的时间、地点、人物等。

♪　预期完成效果

描述需求预期实现的效果。

♪　需求说明

需求人可以用任何形式来描述他想要的需求，产品经理可以按照需求说明进一步进行需求分析。

在产品经理分析需求时，需求收集模板起着至关重要的作用。需求人和负责人可以用需求模板来提交需求，这样可以将需求提交流程规范化，也在一定程度上避免了"一句话需求"，同时也可以为编写需求文档提供素材。除此之外，产品经理还可以把需求模板的信息提取出来，并填入需求池的列表中。

2. 排期站会——需求收集的最后一站

依据需求的优先级和重要性，产品经理可以组织需求方和研发方开排期站会，一起评估进入需求设计阶段的需求，同时这也是增进各方沟通的好机会。

排期站会在敏捷开发中是一个很有用的工具，在 5～10 分钟的时间内，快速地交流信息以推进项目。

排期站会可以安排在会议室，大家坐着来沟通信息。实际上，人一旦没有紧迫感，就容易天马行空地沟通需求的细节，使会议时间无限延长，同时效率也变得越来越低。需要注意的是，排期站会不是需求细节评审会，开排期站会主要是为了讨论排期计划、回顾正在开发的需求进度等。在排期站会上通常要评定 20～30 个需求，每个需求讨论 3～4 分钟，这是一个极为漫长的过程。

因此，要让大家站着开会，以此来提高沟通效率。

1）排期站会的一般流程

（1）发送会议邀请。

排期站会的举办时间是固定的。按照需求管理周期，一般是两周举办一次。具体的开会时间需要产品经理与各方协调，特别要避开各部门的例会时间。

参加会议的成员一般包括需求人、负责人、产品经理、研发经理、测试经理等。

（2）在规定的时间开会，提前公布讨论需求组的顺序。

排期站会中讨论的需求来自不同的需求组。在这里，需求组可以理解为部门。不同的需求组对应着不同的参会成员，为了避免浪费大家的时间，让对应的成员按顺序参加会议。如果讨论的需求组只有一个，就可以省略这个步骤。

产品经理在安排讨论顺序时，要尽量考虑每个需求组中需求的数量、优先级和重要性，因为先行讨论的需求组有优先获得资源的优势。

（3）按顺序召集大家开会，首先介绍处于项目研发阶段的需求的情况。

会议主持人（一般是产品经理）介绍当前的需求研发阶段的开发状况，同时汇总和同步需求人、负责人、产品经理、研发经理、测试经理等反馈的相关信息。要特别注意的是，标注会后要继续讨论的需求，以便后续跟进。

（4）评审进入下一阶段的需求。

按照公交模型来划分，需求管理可以分为需求收集、需求设计、需求研发三个阶段。主持人可以针对需求池的内容，带领大家一起沟通哪些是可以进入需求设计阶段的需求。主持人要控制好节奏，防止大家陷入需求细节的讨论，还要把没有定论的需求标注出来，邀请需求相关人员在会后进行详细的讨论。

2）排期站会的道具

为了提升会议的效率，产品经理也要借助一些道具。

（1）排期站会的场地可以选在工位旁、较大的过道或走廊。这样便于参会成员快速到达和撤离会议现场，也可以让一些临时参会的成员快速地参加会议。

（2）展示会议内容：电视、白板、看板。大家要围绕需求池来开会，产品经理可以选用屏幕或投影作为展示需求池的道具以便集中大家的注意力快速展示信息。

（3）倒计时器。在讨论每个需求组的需求时，产品经理都要设置倒计时，一般设置15分钟左右，提醒大家注意时间。

总之，开排期站会的主要目的是公布信息、增进沟通。大家在开会的过程中，可以了解微信和邮件以外的信息，加强对需求的了解，取得需求相关方的信任。

5.5.7　需求管理的证伪

我们再来回顾一下需求管理的方法，包括两个阶段：需求收集和需求设计。每个阶段分别对应了两个模式：急诊模式和登机模式。让整个需求管理流程顺畅进行的是公交模型。也就是说，需求的收集阶段、设计阶段，变换成两周为一个管理周期的公交车，让需求按照固定线路上车，完成需求管理周期。

我们已经介绍了需求收集和急诊模式。以登机模式指导的需求设计是指产品经理根据规划阶段输出的需求文档等内容，在设计阶段进行产品设计，会在下一章为大家进行介绍。以看板的方式指导的项目研发是指产品经理跟进需求研发的过程，会在第 7 章为大家进行介绍。

通过回顾，我们可以看出管理需求贯穿整个 B 端产品经理的整个工作过程中。因为需求收集阶段占据了大部分的工作量，所以把需求管理划在了 B 端产品管理框架的设计阶段。在工作中，产品经理需要持续地实践需求管理。

因为需求收集阶段占据了大部分的工作量，所以需求可以得到充分的评估和讨论，但是有一个缺点，那就是让人感觉做完一个需求至少要半个月以上的时间。

同时，需求池将需求分为不同的状态进行展示，重要性和优先级信息在需求研发阶段可能会出现逐渐模糊的情况，特别是测试工程师在面对需求时，对于需求的重要性和优先级无法正确地判断。当有临时需求插入时，情况会更加严重。因此，在这里需要对需求管理方法进行一次优化。

1. 优化需求管理流程

根据公交模型，将之前的两辆公交车（即两个阶段：需求收集和需求设计）缩减为 1 辆公交车，也就是将需求收集和需求设计的工作进行合并，得到优化后的需求管理流程，如图 5-53 所示。

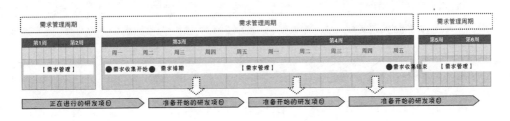

图 5-53　优化后的需求管理流程

这样修改以后，需求的生命周期就会从结构上以最快的速度缩短到两周以内，即在 1 个需求管理周期内完成排期、设计、收集等工作。

我们结合生活中的经验来看一下。假设还是从家出发去公司，两点之间的距离并没有改变，缩短出行时间的方式是减少途中换乘，将其中两辆公交车的路线进行合并，但是这样会增加公交车的工作量。这就需要需求管理中的各个角色之间有很高的配合度和默契度，同时人力资源要相对充足。

2. 优化需求池

需求的优先级和重要性在任何阶段都应该是不变的。比如，即使需求进入测试阶段，高优先级的需求也应该优先获得资源。

根据上述思路，我们对需求池的信息进行精简，如图 5-54 所示。去掉状态信息，把处在研发、测试或设计阶段的需求全部放在一个列表中，根据优先级和重要性进行排序。而对需求的状态展示，可以借助看板。

Title	Link	Members	Label	重要性(1~100)	优先级	备注

图 5-54　精简的需求池

其中，Title 是填写需求名称，Link 是链接，通过链接快速地查看与需求相关的信息。在需求管理中，我们一直在强调知识共享，采用在线共享和协作的方式来共享每个人手中的信息。Members 是与此需求相关的需求人、负责人等，Label 是指哪一个需求组的需求，可以填写部门。

填写这些信息可以让没有完成的需求始终处在这个需求池中，根据重要性和优先级进行排序，所有资源都根据这个顺序被安排。

3. 值得思考的三个问题

最后，补充三个问题来深化我们对需求管理的认识。

1）如何评估工作量

这是一个难题。在敏捷开发中，可以采用估点的方式评估工作量，也就是说将待评估的需求与一个类似的、已完成的需求进行对比。比如，问太阳有多大？如果答案是太阳的直径大约为 1 392 000 千米，那么大部分人对这个答案是没有概念的，但如果把答案换成太阳的体积大约是地球体积的130万倍，那么人们就会比较容易理解了。

因此，评估工作量也可以采用类似的方法，让研发经理或研发工程师以天为单位评估工作量。

虽然已经有了一个相对客观的方法，但是还要考虑其中的主观因素。研发同事出于各种原因，可能会高估或低估工作量。虽然在敏捷开发中，采用多人投票评估工作量的方式可以减少主观因素，但是在实际的环境中，研发工程师负责独立的业务线，彼此不熟悉对方的业务和代码，所以投票的方式并不可取。因此，产品经理在评估需求工作量的时候，要明确一个事实：评估出的工作量可能并不准确。这需要产品经理与研发团队建立默契，对开发的工作量和成本有一定的了解。

2）如何确定需求完成的时间

问题一必然会引发问题二，因为工作量评估不准确会导致需求完成的时间不准确。

在需求管理的实践中，需求人和负责人最想知道的就是准确的完成时间。完成时间评估不准确成了需求管理及项目管理的"家常便饭"，毕竟产品经理不能预测未来。

除非需求完成时间是已经严格规定的时间点，比如老板要求必须赶在国庆节放假之前完成，其他情况下应该是一个时间范围。也就是说，产品经理与需求人和负责人沟通需求完成时间时，采用的话术是这个需求最快在 x 日完成，最慢在 x 日完成。

然而，正如第一个问题一样，产品经理应该通过不断地磨炼来思考这个问题——"如何确认需求完成的时间"，从而使话术中的两个日期趋近相同。

3）如何处理长期堆积在需求池中的需求

第一个和第二个问题的存在也会导致第三个问题的产生。因为研发资源是有限的，而需求又是无限的，再加上需求工作量和完成时间的不准确，导致需求池中的需求没有匹配的研发资源，最终会积压很长时间。

我们在前面已经提到过，长期积压的需求犹如积压在仓库中的货物，市场变化得很快，堆积在仓库中的货物逐渐失去价值，需求也是一样的。在以变化快速著称的互联网行业，需求同样是瞬息万变的，一个长期得不到开发的需求会逐渐丧失开发的价值。

积压的需求往往会产生恶性循环，需求积压的时间越久，大家就越不想处理它。犹如角落里落满灰尘的箱子，灰尘积累得越多，人们就越不想打开它。因此，产品经理要时常关注已经积压了很长时间的需求，可以以三个月的时间为标准。产品经理要通过各种方式与需求人和负责人进行沟通，分析需求池中长达三个月的需求到底出现了什么问题，看看这些需求是不是不符合公司的发展方向。如果它们不符合公司的发展方向，那么是否可以将这些需求删除或重新修订后再提出。

需求人和负责人有时会对处理这样的需求产生抗拒心理。这时，产品经理应该深入了解业务发展和规划，探寻需求人和负责人内心深处的动机，从而处理这些积压已久的需求。

总之，产品经理在进行需求管理活动时，一定要记住这个宗旨：积极主动、知识共享、相互尊重。任何需求管理活动都应该围绕这个宗旨开展，这是超越任何方法论的方法。

Scrum 方法是否适用于需求管理？

高标：回川，我觉得这个需求管理方法跟 Scrum 有点儿像呀！

回川：没错。Scrum 本身就是来自敏捷的一种方法，它的基本流程如图 5-55 所示。

图 5-55 Scrum 的基本流程

回川：Scrum 中的 Product Backlog 有点儿像需求池；Sprint Backlog 有点儿像待开发列表；Sprint 有点儿像有排期的研发项目，只不过 Sprint 是固定时间的开发迭代，而项目管理中的每个项目都会有各自的时间排期。因此，使用 Scrum 的方式管理需求的前提是需要整个团队都要践行敏捷的管理方式。敏捷的落地是一个从上而下推动的过程，并且配有 Scrum Master 的职位来指导 Scrum 敏捷实践。B 端产品管理框架中的需求管理方式更具有可实践性和一般性。

高标：好的。

总结：管理需求

- **在这个活动中，产品经理需要做什么？**

从需求建立到发布上线，产品经理都要对需求进行管理，包括需求优先级、重要性、排期等内容。

- **做活动之前要准备什么？**

第一，客户调研报告。

第二，产品路线图。

第三，需求文档。

- **有哪些工具或方法？**

第一，项目管理。在需求管理的方法中融合了大量的项目管理的知识，管理一个需求从建立到发布上线，可以看作一个项目管理的过程。可以说，需求管理是项目管理的子集，学习项目管理知识对于产品经理来说是非常重要的。

第二，SWOT 分析、KANO 模型等分析工具。这些工具主要用来帮助产品经理判断需求的优先级和重要性。学会使用这些工具并不难，从很多市场营销的书中都可以找到使用方法，关键在于根据组织的战略和规划来确定需求的优先级和重要性。产品经理只有找准了组织发展的大方向，才能确定好优先级和重要性。在产品路线图中，已经对战略规划进行了分析。因此，产品经理要有效地利用产品发展路线图来确定需求管理中的优先级和重要性。

- **在活动结束以后得到了什么？**

第一，需求池。需求池的形式多种多样，如 Excel 表格、看板等。

第二，需求排期计划。需求排期计划也可以理解为待开发的项目，虽然它没有固定的形式，但是内容至少要包括研发此需求的工程师、需求人、负责人，以及需求研发的开始时间、提测时间、完成时间等。

- **产品经理还要关注什么？**

管理需求贯穿 B 端产品管理框架，只要需求没有上线就要被管理。在管理需求的过程中，产品经理始终要关注需求的利益相关者。在 B 端产品的需求中，产品经理要找到产品上线以后可能存在的利益受损方。管理需求与分析需求在内容上要紧密结合，比如在收集需求阶段，会涉及对需求的分析。在这里，为了行文清晰，对管理需求和分析需求进行了明确的切分，但在实际工作中，产品经理需要灵活运用。

5.6　设计产品架构：规划功能的地图

5.6.1　此架构非彼架构

谈到架构时，我们脑海中是否会浮现出各种框架图、名词和概念。在前面的章节中，我们谈论过架构师和产品经理的区别，大家已经对架构这个概念不再陌生了。然而，对于我们来说，真正陌生的是产品架构的概念。

我们可以从目前的资料中查询到很多与架构相关的理论和知识，比如 Zachman 框架、TOGAF、"4+1"视图等架构理论，这些架构理论都十分经典，并且应用广泛。然而，这里的架构知识包含很多知识和工具，它们都用于指导企业的信息化建设，产品经理要想理解其中的知识和技能需要一些技术背景。而目前关于软件架构的知识，也是以技术实现为主的。因此，产品经理需要在理解产品架构的基础上，设计出自己的产品架构。

产品经理应该如何理解与架构相关的知识？

高标：回川，你提到的 Zachman 框架、TOGAF、"4+1"视图等架构理论，我都听说过。如果我想多了解一下这些知识，那么我应该怎么做呢？

回川：产品经理需要很强的综合性，多了解一些知识是没有问题的。我们已经对架构师和产品经理进行过区分了，所以不用过于纠结不太懂的内容。我们先大概了解一下这些架构理论，如表 5-6 所示，当然架构理论不仅仅是这几个，我们只是列举一下常见的架构理论。每个架构理论基本上都是从整个企业的角度去指导技术架构的搭建的，并且从技术、商业、业务、战略、硬件等多个角度来诠释企业应该具备怎样的架构。因此，为了更好地了解这些架构理论，产品经理可以先从了解"IT 治理"开始。

表 5-6　架构理论

架构理论	说　明
Zachman 框架	该理论是由 John Zachman 创立并以他的名字来命名的，它是一个包含 36 个单元格的框架。Zachman 框架分别从 Executive、Business Management、Architect、Engineer、Engineer、Technician 六个视角来解答数据（What）、功能（How）、网络（Where）、人员（Who）、时间（When）、动机（Why）等问题。Zachman 框架提供了一个便于沟通和讨论架构知识的工具
TOGAF	该理论的英文全称是 The Open Group Architecture Framework，中文译名是开放组体系结构框架，它是用来指导开发企业架构的工具。TOGAF 创建了一个分阶段实现的架构开发方法，这些阶段包括 Architecture Vision、Business Architecture 等。TOGAF 能够进行全流程监控
"4+1" 视图	该理论由逻辑视图、过程视图、物理视图、开发视图组成，这四个视图以场景和用例为核心，形成了第五个视图。该理论可以清晰地记录单个项目或整个公司的 IT 架构

高标：什么是"IT 治理"？

回川："IT 治理"类似于企业治理。假如你是一家企业的 CEO，你可能会从财务、人力、供应链等角度入手来管理你的企业，当然你也要从企业的 IT 技术入手管理好你的企业，比如技术选型、研发团队建设、数据治理等方面。因此，刚才所说的这些架构知识其实是为 IT 治理来服务的。因此，你可以先理解一下如何从 IT 技术领域入手治理一家公司，再去了解这些架构知识。

高标：好的。

架构是对现实世界的总结和抽象，我们可以从多个视角去总结架构，比如我们经常见到的技术架构。而从产品经理角度梳理得出的产品架构，是对产品功能的架构梳理。产品架构的作用有以下几点。

- 产品经理可以通过架构的形式对之前所做的活动进行总结。在 B 端产品管理框架中，在规划阶段战略层、范围层已经进行了市场调研、客户调研、规划产品路线、分析需求、管理需求等活动。在设计产品架构时，产品经理能够进一步对这些活动进行总结，同时也能为设计阶段打下良好的基础。

- 产品经理设计出功能架构以后可以与 B 端产品的客户进行更好的沟通。通过产品的功能架构图，产品经理可以从更宏观的角度，跟客户沟通他们想要的需求，并为产品设计树立一个路标。比如，B 端产品经理通过产品架构图，可以让客户知道他们未来使用的产品大概有哪些功能。在后期讨论原型和技术实现等细节时，客户、产品经理、技术人员等通过功能架构，都会聚焦到某一个具体的功能，以及前后相关联的功能，便于大家理解和沟通。

♫ 产品架构也可以帮助产品经理设计技术架构，这也是 B 端产品管理框架的一个活动。在这个活动中，产品经理输出的产品架构图也可以帮助技术研发人员更好地理解需求和产品方案。

因此，产品架构不同于技术架构，它是以功能的形式对需求进行抽象的总结和归纳的，能够指导产品设计及后续的技术研发。接下来，我们就来看一下如何设计产品架构。

5.6.2 产品架构设计方法

产品架构是以功能为形式的。我们最常用的是产品架构图，在了解怎么使用产品架构图之前，我们先来理解一下产品架构的基本原理是什么。

在前面的章节中，我们已经了解了用"数据驱动"的思路去分析需求。其中，在数据流程图那一部分，我们提到了输入输出模型。产品经理设计的产品功能属于输入输出模型，即功能处理输入的数据并输出数据。因此，产品架构图的本质是数据流程图，产品经理要基于数据来思考产品的功能，如图 5-56 所示。

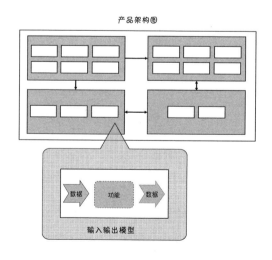

图 5-56 产品架构图的本质

产品经理要与 B 端产品管理框架中的战略层和范围层的活动进行联系，然后设计产品架构并最终输出产品架构图，步骤如下。

1．确定产品范围

我们要知道产品为什么而存在，需要解决什么问题，产品的目标是什么。在前面的章节中，已经为大家提供了获取这些答案的方法。换句话说，我们要将 B 端产品管理框架中活动的输入物作为产品架构设计的起点。

产品经理在进行这一步时，除了要整理和明确信息，还要假设已经存在了一个产品或系统，并将其与其他系统进行区分。我们还以上一章节中的咖啡厅管理系统为例，假设已经有了一个咖啡厅管理系统，同时这个系统与外在系统存在联系，比如等位系统、外卖系统，如图 5-57 所示。

图 5-57　已经存在的咖啡厅管理系统

2．梳理流转在产品中的主要数据

在分析需求时，我们使用数据驱动的方法，基于数据利用流程图、业务实体关系图、数据流转图、状态图来分析需求，将结论整理成需求文档。因此，此时产品经理要选取贯穿整个产品系统的数据。比如，在咖啡厅的例子中，订单就是一个贯穿咖啡厅管理系统的数据，它能够把主要的产品功能串联起来。

3．梳理产品功能，并进行归类和连接

我们已经知道了产品功能是对信息的处理。在介绍分析需求时，我们可以使用数据流程图来解析产品的功能。我们还要将这些功能聚合成一个功能模块，功能模块是功能的集合，便于我们对产品功能进行归类。同时，我们可以从功能发布的角度标注出产品架构图中的功能模块，如图 5-58 所示。比如，哪些是需要做

的功能、哪些是已经实现的功能、哪些是未来要实现的功能。

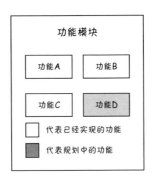

图 5-58　产品架构图中的功能模块

我们主要依据哪些功能跟数据流转密切相关，来将功能归类为功能模块。例如，咖啡厅管理系统中的功能模块，如图 5-59 所示。我们先梳理出了数据流程图，然后抽象出了订单填写、订单核对、下单等一系列的功能，并形成了下单管理的功能模块。

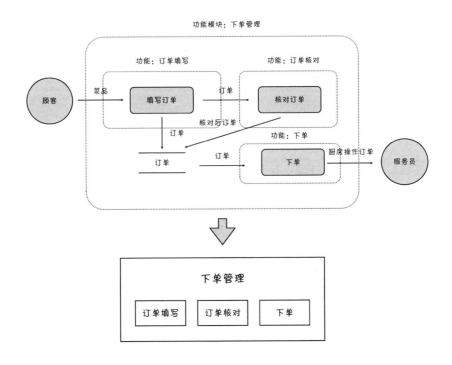

图 5-59　咖啡厅管理系统中的功能模块

基于上述流程，我们可以归纳出咖啡厅管理系统的产品架构图，如图 5-60 所示。

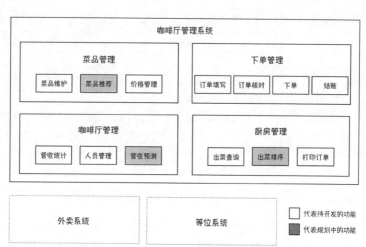

图 5-60　咖啡厅管理系统的产品架构图

到这里，产品架构图还差最后一步：用数据进行连接，如图 5-61 所示，这也可以验证产品经理设计出的产品架构是否存在问题。在产品架构图中，我们用数据连接功能模块。比如，从功能模块中的菜品管理产生菜品信息进入下单管理。再者，使用数据连接系统。比如，外卖系统向咖啡厅管理系统转入外卖的订单数据，同时咖啡厅管理系统也向外卖系统提供这些外卖订单状态信息的数据。

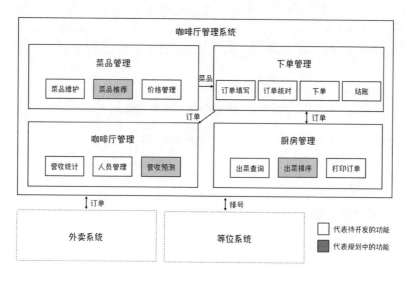

图 5-61　用数据连接的产品架构图

在设计产品架构图时，产品经理需要关注一些细节。

第一，使用方框代表功能或功能模块，功能模块内部还可以嵌套功能模块。

第二，功能模块之间使用箭头进行连接，箭头连接代表功能之间存在数据交互。箭头连接在功能模块的功能之间可能忽略展示，以便产品架构图更加清晰明了。功能模块内部的数据连接，用数据流程图的方式更有意义。

第三，产品架构图中的功能可以按照业务流程或数据流动的方向进行排布。这样能够让阅读者联想到现实的业务场景，方便理解和阅读。

第四，产品架构图中的功能不要与界面中的操作混为一谈，如下载、查询等。罗列这些具体的页面操作功能，会使架构图过于庞杂且不易阅读。

第五，在归纳功能模块时，产品经理要留意是否需要增加监控和通用管理的功能，如数据监控、报表展示等。

第六，产品架构图还可以以树状结构进行展示，如图 5-62 所示。

图 5-62 树状结构的产品架构图

产品架构图是产品经理表达产品设计思路的一种形式和工具。产品经理在输出产品架构图之后，需要和客户进一步沟通，并修改架构图。完成产品架构图之后，就进入了设计阶段。

总结：设计产品架构

• **在这个活动中，产品经理需要做什么？**

产品经理基于规划阶段的所有输出物，对产品的功能进行架构规划，用来指导后续的产品设计。

- 做活动之前要准备什么？

第一，市场需求文档。

第二，客户调研报告。

第三，产品路线图。

第四，需求文档。

- 有哪些工具或方法？

UML。在分析需求时，我们已经介绍了相关的工具。在设计产品架构图时，产品经理也需要使用相关的工具。

- 在活动结束以后得到了什么？

产品架构图。

- 产品经理还要关注什么？

产品架构图可以放入需求文档，它是一个沟通的工具，可以帮助产品经理从宏观的角度来思考产品设计。

第 6 章

设计阶段：产品从概念到解决方案

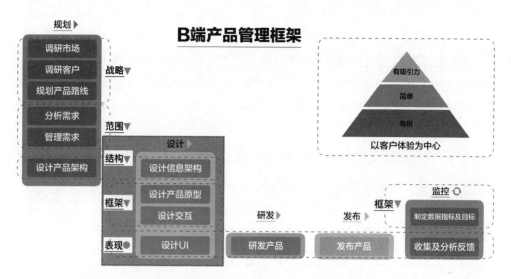

少即是多。——建筑大师 密斯·凡德罗

形式追随功能。——芝加哥学派建筑大师 路易斯·沙利文

在规划阶段结束以后，产品经理将开始设计阶段的工作。在设计阶段，产品经理要开展设计信息架构、设计产品原型、设计交互、设计 UI 等活动。这些活动分布在结构层、框架层和表现层。在设计阶段，产品经理将使用 Axure、Visio、Word 等工具，把分析好的需求转化为可以付诸开发的产品方案。

6.1 设计信息架构：设计让产品立得住的"骨架"

在规划阶段结束以后，虽然产品经理已经了解了用户的需求，但是目前的需求还只是一个概念。接下来，就要进入产品化阶段了。产品化就是产品经理将需求转化为可以投入资源的行动项，这个阶段是产品经理最喜欢的画原型阶段。

不过，产品经理先不要着急打开 Axure，投入原型设计的工作中，而要先了解贯穿整个设计阶段的知识——信息架构（Information Architecture）。

6.1.1 解析信息架构：收纳信息

凡是跟架构组合在一起的词语都天生带有一种"崇高"的气质，比如战略架构、系统架构、产品架构、架构师等。

我们在前面提到过数据联系行为。产品经理设计出的产品是一个系统，用户与系统之间的交互是以数据为桥梁的，用户根据系统提供的数据信息做出反馈。那么，系统如何让用户便捷地看到信息并看懂信息呢？这就需要信息架构来提供解决方案。

从另一个角度来看，我们每个人都有获取信息的需求。为了让每个人都能够方便地获取信息，信息架构这门学科就出现了。产品经理、设计师或架构师运用信息架构的知识和技术来组织和整理信息，从而让人们更方便地获取信息，满足人们的需求。

比如，在地铁站，人们为了便捷地到达目的地，可以通过查看出站信息牌来选择出站口，如图 6-1 所示。

图 6-1　出站信息牌

以上内容都是为了说明信息架构是什么，虽然信息架构的定义有很多，但是都离不开信息架构的三要素：情景、内容、用户[1]。我们以地铁站为例来拆解信息架构的三要素，如图 6-2 所示。

---

① 罗森菲尔德、莫尔维莱、阿朗戈：《信息架构——超越 Web 设计》，电子工业出版社 2016 年版。

信息架构的三要素	
情景	在人来人往的地铁站，不容易辨别方向
内容	地铁口附近的标志性建筑和公交信息
用户	需要出站前往目的地的乘客

图 6-2　信息架构的三要素

其实，信息架构归根结底还是基于用户对信息的需求来设计和组织信息的。

仅仅解释什么是信息架构还不够，我们还要弄清楚做信息架构的指导思想。《信息架构——超越 Web 设计》这本书将信息架构分为 5 个组件，即组织系统、标签系统、导航系统、搜索系统，另外还包括一个由叙词表、受控词和元数据组成的组件。这些概念读起来让人感觉似懂非懂，与现实见到的各种应用界面似曾相识。

请大家先抛开这些复杂而抽象的概念，《信息架构——超越 Web 设计》这本书中提到的 5 个组件，其实是指设计信息架构的 5 个思路，就像老师教学生解题的技巧一样。

信息架构的知识并不高深，我们在日常生活中经常使用这 5 个设计信息架构的思路。比如，有一项生活技能叫整理收纳。我们一定都了解过一些整理和收纳生活用品或办公用品的窍门，日本专门有一类介绍整理收纳知识的书籍，如《断舍离》。

接下来，我们把整理收纳的方法和信息架构的三要素相结合，来解释一下设计信息架构的思路。

首先，我们利用信息架构的三要素来确定范围。

　　♫ 情景：在日常的办公环境中。

　　♫ 内容：在工作中处理的邮件、文件等办公信息。

　　♫ 用户：希望能够高效、有条理地工作的人们。

然后，基于以上范围，我们用整理收纳的方法来形象地解释 5 个设计信息架构的思路。

1）组织信息

最简单的处理信息的思路就是根据时间、字母、数字等内容，对信息进行分类。

在办公环境中，可能会看到各种各样的纸质文件，如合同、发票等。我们使用档案盒或文件夹之类的办公用品，将纸质文件按照月份进行分类，这样就可以方便地找到所需信息。当然除了时间，也可以使用字母对信息进行分类，比如我们使用的通讯录就是寻找信息的一种方式。

在实际的产品设计中，B 端产品经理需要关注现实业务中已经存在的信息组织结构，比如现有组织架构、单据分类等。这些要在系统中映射出来，满足用户的预期和操作系统的要求。

如果对信息分类还不够明确，那么产品经理可以使用卡片分类的方法，如图 6-3 所示。把信息写在卡片上，让使用信息的不同角色对卡片进行分类，同时说出分类的理由。产品经理根据这些信息来判断如何对信息进行组织和分类。

图6-3 卡片分类

2）给信息加便笺

用一个名称对大量的信息进行概括，就是给信息加了标签，便于快速查询。在办公环境中，虽然把月份相同的文件放在了一个文件夹中，但是找到某一份文件还是不太方便。我们可以使用便笺纸，写上这类文件的概括信息以便查找，如

图 6-4 所示。

图 6-4　便笺

在实际的产品设计中，B 端产品经理要关注每一个功能的名称是否都能让用户理解，最简单的方法就是直接问用户是如何理解这些名称的。

3）设置找到信息的路径

沿着预设好的路径找到想要的信息，这就是导航，是我们非常熟悉的组织信息的方式。办公桌旁边一般会有一个三层的抽屉柜，我们可以把文具、文件等用品放入不同的抽屉中，同时还可以用抽屉格对抽屉的空间进行分隔，放入不同的物品，如图 6-5 所示。我们想要拿物品时，直接拉开对应的抽屉就可以了。

图 6-5　抽屉格

4）搜索信息

我们可以通过搜索关键词、问题、对话的方式，找到自己想要的信息。

在办公时，搜索信息的使用频次非常高。当我们有不懂的问题或找不到信息时，第一反应就是问一下可能知道的人，从对方的回答中获取信息。

在 B 端产品的搜索场景中，精确搜索的场景比较多，一般是根据具体单号搜索出相关信息。因此，B 端产品经理更关注数据的结构。

5）描述信息的特征

还有一种寻找信息的方式是用更多的信息描述一个事物，凭借这些模糊的信息找到它。

举一个例子。在日常工作中，我们要见各种各样的人，也会收到很多人的名片。但是，除了比较亲密的朋友，让我们回想起某个人是很难的。因此，有一个比较好的方法，就是当我们收到新名片时，找一个本子专门记录这些名片，同时写下一些信息，比如遇见的时间、地点、体貌特征、留下的印象、未来可能需要联系的事务等。这些多维度的信息可以帮助我们想起之前遇到的某个人，也避免了见面不认识的尴尬。

B 端产品经理在设计产品方案时，要关注数据的属性，在信息架构中，它被称为元数据。比如，学生的元数据包括姓名、生日、成绩、学号等，这些元数据会以列表的形式出现。因为工作流程中的分工不同，所以不同的角色对元数据的定义也不同，这就会影响报表和展示信息的设计。比如，经营国际贸易的公司对产品金额信息的展示就有要求，不仅要默认以人民币为单位展示，还要根据进、出口国家来使用多种货币单位。

以上五个设计信息架构的思路，需要产品经理综合应用。

设计信息架构统领和贯穿着整个设计阶段，它指导后续的原型设计、交互设计、界面设计等流程。在 B 端产品管理框架的设计阶段，直接输出的就是站点地图（Site Map）。接下来，我们来看什么是站点地图。

6.1.2　输出站点地图：原型设计的起点

信息架构的知识提供了让用户看懂并方便查看信息的思路和方法。接下来，我们重点来看通过信息架构的知识输出的站点地图。

1. 什么是站点地图

站点地图是带有层级结构的所有网页的汇总。其实，产品经理对站点地图并不陌生，Axure 界面左上角的方形区域就是产品经理设计站点地图的操作区域，如图 6-6 所示。除此之外，还有网页链接中的站点地图，如图 6-7 所示。我们可以观察一下网页链接，每个链接中都有符号"/"，而用符号"/"分隔的就是不同等级的页面。

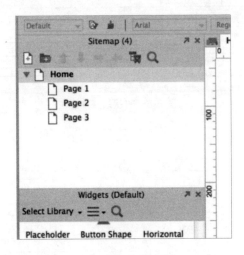

图 6-6　Axure 中的站点地图

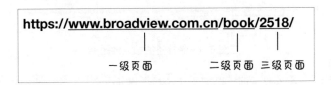

图 6-7　网页链接中的站点地图

产品经理通过设计站点地图，可以建立页面之间的联系，确定产品原型的范围，指导产品的设计。因此，站点地图也是原型设计的起点。

2．设计站点地图

产品经理可以采用树状结构对站点地图进行展示，如图 6-8 所示。站点地图最基本的元素就是页面，页面用方框表示，以连线的方式展示页面之间的关系。如果页面之间的层级关系并不十分明确，那么也可以将页面汇总并打上标签，表示页面之间的关系，如图 6-9 所示。

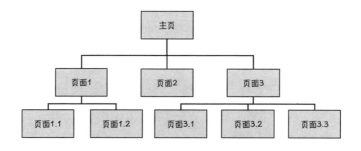

图 6-8　树状站点地图

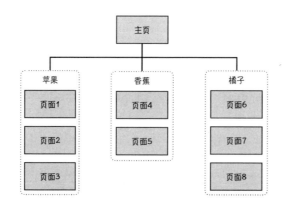

图 6-9　带标签的站点地图

采用树状结构是为了清晰地表现出页面之间的层级关系。那么，如何判断页面之间的层级关系呢？层级的页面越高，越能表现产品的目的、功能和用途，而层级逐渐降低的页面会逐渐模糊。换句话说，高层级的页面是从高空俯视整个产品的全貌的，而低层级的页面是关注细节的。

了解了站点地图，接下来就要从需求文档的内容中提炼出页面了。首先，我们要看一下 B 端产品具备的四种页面类型：表单页、详情页、列表页、Dashboard 页。

这四种页面类型是基于用户行为而设计的通用化的解决方案，产品经理依据这些解决方案，基本能够结构化地组织信息，为用户提供可预期的操作界面。

1）表单页

表单页是用户增加、删除、提交信息的操作页面，以谷歌教育页面为例，用户填写信息并提交表单，如图 6-10 所示。

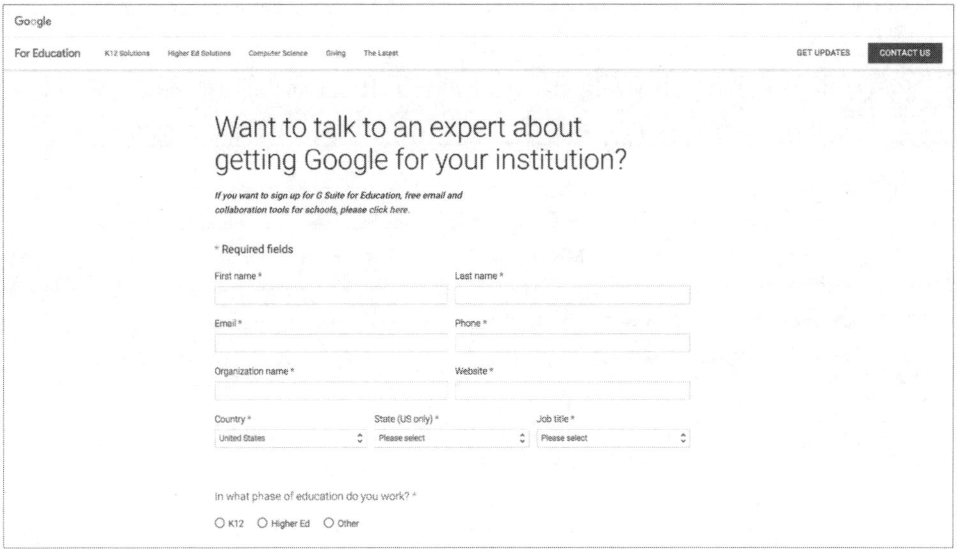

图 6-10　表单页

2）详情页

详情页向用户展示详细的信息，这个页面汇聚着各类信息。以谷歌财经为例，图 6-11 的页面向用户展示了一只股票的详细信息。

图 6-11　详情页

3）列表页

列表页向用户展示结构化的数据信息。列表页很像 Excel 的工作簿，它的设计大部分来自用户对实际数据的操作和展示，如图 6-12 所示，不同的筛选条件展示不同的股票信息。

图 6-12　列表页

4）Dashboard 页

Dashboard 页是一个综合页面，类似汽车的仪表盘，监控着整个系统的状态和运营数据，如图 6-13 所示，Dashboard 页面向用户展示了一个网站的运行情况。

当然，这四种页面类型不能完全涵盖整个 B 端产品的页面类型，这里只是提供一个清单，便于大家产生设计原型的思路。

我们了解了页面类型以后，接着就要将需求与页面进行映射。在分析需求时，我们已经用流程图和数据流程图拆解了与需求相关的活动。然后，我们把这些活动与页面进行联系。以咖啡厅的管理系统为例，顾客查看菜单的活动可以用菜单页展示，页面类型可以采用列表页的形式，选择菜品并添加至订单的活动可以在订单页上进行，订单页的页面类型是表单页，如图 6-14 所示。

图 6-13　Dashboard 页

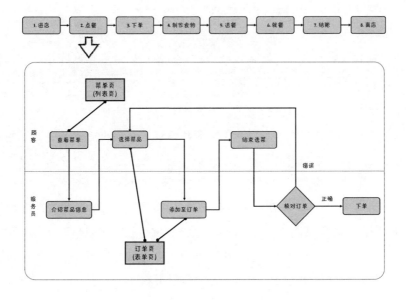

图 6-14　以咖啡厅管理系统为例将需求与页面进行映射

另外，产品经理也可以使用产品架构图的方式，将需求与页面进行映射，如图 6-15 所示。

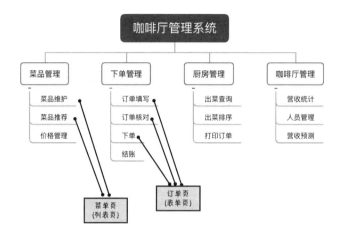

图 6-15 采用产品架构图的方式将需求与页面进行映射

产品经理需要对业务流程有足够的了解，在大脑中构想出需求与页面的对应关系。根据这样的对应关系，产品经理就可以输出站点地图了。

输出的站点地图让需求从概念大步向解决方案迈进，同时也确定了原型设计、交互设计和 UI 设计的范围。

站点地图对产品经理工作的指导意义是什么？

高标：回川，我大概理解站点地图是什么和如何应用了，你能否再进一步讲一下站点地图对产品经理工作的指导意义？

回川：首先，我们要理解信息架构是一个构建产品的理论，它是从信息的角度来思考如何搭建产品的。在这里，产品经理要理解信息架构的理论知识，并应用到产品的设计中，比如信息架构可以指导产品经理思考页面之间的关系和如何设计导航等。其次，站点地图是页面的集合，它是产品经理画原型的切入点，同时也能大概评估出画原型的工作量。因为原型展示的页面基本上是表单页、详情页、列表页、Dashboard 页，所以产品经理可以通过站点地图，大概知道要画几种页面，从而根据经验，评估出画这些页面的工作量。然后，在画原型的过程中，产品经理也在应用站点地图，如图 6-16 所示。产品经理可以对页面进行编号，如 A-1、A-2。如果页面的上一级没有页面，那么也可以使用文件夹进行归类。当然，这只是一个小技巧，更重要的是产品经理要思考哪些产品功能可以归到一个页面中、页面与页面的区别和联系分别是什么。

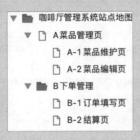

图 6-16 站点地图的应用

高标：好的。我明白了。

总结：设计信息架构

- **在这个活动中，产品经理需要做什么？**

产品经理要基于规划阶段输出的需求文档来设计页面之间的层级结构，并确定产品原型设计的范围。

- **做活动之前要准备什么？**

第一，产品路线图。

第二，需求文档。

第三，需求排期计划。

第四，产品架构图。

- **有哪些工具或方法？**

第一，UML。输出站点地图时，产品经理可以借助 UML 的相关知识。

第二，信息架构知识。产品经理经过系统地学习信息架构的知识，可以有效地提升此阶段输出物的质量和效率。

- **在活动结束以后得到了什么？**

站点地图。站点地图能够确定后续原型设计、交互设计、UI 设计的范围，也能指导界面上的导航设计。

- **产品经理还要关注什么？**

信息架构是一门成体系的知识，这里只是裁剪了其中极小的领域。信息架构实际上是一套设计方法，这套设计方法由研究、策略、设计、实施、管理等流程组成①。

其中，研究是对需求背景、市场定位、用户画像等方面的调研。

策略是基于研究得到的背景为需求立项，并制定项目范围及项目成功的标准。设计是依据信息架构的知识，将需求转化为解决方案。基于设计方案，推进信息架构的研发实现。最后，需求上线以后，产品经理要收集用户反馈并不断地改进。

以上流程和一般的需求实现流程很像，不同的是策略和设计阶段，以上流程是从信息的角度为用户提供解决方案的。因此，信息架构最直接的设计输出是页面导航，更深层的是基于用户习惯设计功能，让用户快速地获取信息。信息架构的知识是值得产品经理系统学习的。

6.2 设计产品原型：高效产出原型的方法

设计信息架构的阶段结束以后，产品经理已经得到了需要设计的页面范围。接下来，产品经理就要打开 Axure、Sketch、OmniGraffle 等工具，开始画原型了。在这一节，我们将重点围绕如何高效产出原型展开介绍。

6.2.1 模式思维：你的原型是否可重用

1. 什么是模式思维

在开始设计原型之前，我们需要了解一个重要的原型设计思维——模式思维。模式是指可以重复使用的方式和方法，它就像乐高玩具一样，将基础的模块组合成星球大战的飞船或马力强劲的挖掘机。

我们先从模式的来源说起，在设计领域或软件开发领域，"模式"这个概念基本上都是来自建筑大师 Christopher Alexander 的著作《建筑模式语言》的。

建筑师搭建房子和产品经理搭建网页是一样的，都要满足人们的使用需求，比

---

① 罗森菲尔德、莫尔维莱、阿朗戈：《信息架构——超越 Web 设计》，电子工业出版社 2016 年版。

如一个房子要满足人们休息、做饭、洗漱、会客等需求。《建筑模式语言》总结了253 种建筑模式，这些建筑模式就像乐高积木的基础模块一样，我们可以将其组合为满足人们某一需求的建筑空间。

以《建筑模式语言》中的模式 184——厨房布置为例，作者指出厨房的空间不能太大，因为做饭的工具和食材会分布得广而散，增加移动的距离；当然，也不能太小，因为做饭是一个步骤复杂、用具繁多的工作，挤在狭小的空间中，效率低下。因此，作者给出了厨房空间设计模式。

♫ 厨房空间由炉灶、水槽、食物存储区、操作台四个部分组成，这四个部分的间距在 3m 以内。

♫ 操作台的范围大致在 1.2~3.6m。

依据这样的模式，设计师就可以设计出一个可以高效做饭的厨房空间了。作者指出，光线照射对厨房非常重要，可以组合使用《建筑模式语言》中的模式 199 ——有阳光的工作台，来综合设计一个厨房。

以上建筑模式的组合提供了一条有效的成功路径，按照这个路径，任何人都可以建造一个易用且高效的厨房。产品设计也是依照模式思维来搭建产品的。

2．模式思维和页面

厨房要满足人们做饭、储藏、清洗的需求。产品经理设计的每一个页面，也像设计厨房空间一样，要在一个页面上满足用户的多种需求，如信息的查看、搜索、下载等需求。每一种活动都对应着一个解决方案，这个解决方案就是模式。多种模式搭建在一起就是页面，也就是我们在设计信息架构阶段组成站点地图的页面类型，即列表页、表单页、详情页、Dashboard 页。

比如，Google 云端硬盘，它满足用户搜索存储文档的需求，其解决方案是设计一个模式。Google 页面模式由输入框、按钮、信息面板等组件组成，如图 6-17 所示，它提供的解决方案如下。

♫ 用户输入关键词，展示与关键词相关的文档信息。

♫ 提供文档类型的快捷入口。

♫ 提供更精准搜索的功能入口"更多搜索工具"。

……

图 6-17　Google 页面模式

人们使用互联网的行为有很多，对应的设计模式也有很多。《界面设计模式》和《网站设计解构：有效的交互设计框架和模式》中，总结了很多成熟的设计模式来满足用户的操作行为，比如搜索、查看列表信息等行为。这两本书可以作为产品经理画原型的工具书，产品经理可以随手翻阅以启发思路。

3. 原型设计与模式思维

在《网站设计解构：有效的交互设计框架和模式》中，作者指出设计模式是由组件构成的[①]。其实，组件这个词并不难理解，组件是构成模式的基本元素。在《建筑模式语言》中的模式 184——厨房布置中，我们提到厨房空间是由炉灶、水槽、食物存储区、操作台组成。这些是构成厨房布置模式的基本元素，也就是组件。

在产品原型设计中，产品经理使用组件搭建出了产品原型。在 Axure 操作页面的左边有一个元件库的区域，里面包含了输入框、按钮、文本框等组件，如图 6-18 所示。我们可以用输入框和按钮组合出一个搜索模式，来满足用户搜索信息的行为。

---

① 这里指书中提到的"可重用铁三角"理论，即页面由交互式设计框架体系、设计模式和组件构成。

图 6-18 Axure 的元件库

设计产品原型的流程基本上已经出来了。

    ♪ 根据站点地图，找到要设计的页面类型（列表页、表单页、详情页、
       Dashboard 页等）。

    ♪ 根据页面类型对应用户操作行为，思考各自对应的模式。

    ♪ 用组件搭建成对应的模式。各种模式的布局和组合最终形成产品原型，
       即产品原型表现页面和模式。

正如页面设计模式有模板一样，产品经理表现页面和模式的产品原型也有很多
现成的模板，比如阿里提供的 AntDesign 设计资源。这些已有的原型资源，有助于产
品经理快速搭建出美观、易懂的 B 端产品原型。

当然，产品经理使用别人总结好的模板和方法，总会有拾人牙慧的感觉。在实
践中，产品经理应该不断地总结属于自己的设计模式来搭建原型，以下思路可供产
品经理参考。

    ♪ 模式名称：给自己总结的模式起一个名称，便于管理和交流。比如，搜
       索单据。

    ♪ 概念和价值：描述清楚这个模式是什么，即给模式下定义。同时，写清
       楚模式给用户带来怎样的价值。

    ♪ 使用范围：与该模式相关的边界条件。比如，在用户登录的状态下，向
       用户推荐常用的历史信息。

♫ 模式描述：使用文字、图形等方式，描述清楚模式是由哪些组件构成的，以及该模式是如何运行的。比如，可以描述为用户在输入框录入关键词时，会实时展示提示信息，便于用户选择。

♫ 相关模式：与这个模式相关的模式还有哪些？就像《建筑模式语言》中的模式 184——厨房布置和模式 199——有阳光的工作台相关联，来综合设计一个厨房空间一样。

基于以上清单，产品经理可以组建一个属于自己的模式设计原型，最终帮助自己高效地输出产品原型。接下来，我们来了解一下如何让自己的原型易于理解、便于高效沟通。

6.2.2　三种精度的产品原型展示

原型图也叫线框图，是产品经理表达产品概念、沟通产品需求的有效武器。原型图也是对需求文档内容的图形化展示，对需求分析、交互设计、UI 设计及产品研发起着承上启下的作用。

原型图的表现形式可以分为高保真和低保真，它们的区别是原型与真实页面的相似程度。高保真原型通过交互的操作、色彩搭配和栅格布局等形式还原了真实页面的使用体验，当然它的实现成本是非常高的，适合产品方案已经定型阶段的展示。低保真原型可以使用纸、笔勾画的方式，简单地勾画出设计思路，便于高效沟通和快速修改。

以上仅是原型的表现形式，我们要关注的重点是原型展现的内容。在前面的内容中，通过需求文档、站点地图、模式思维为产品经理设计原型找到了准确的方向。在这里，我们要精确地表达出产品原型背后映射的需求。在《编写有效用例》一书中，作者提到了用户界面设计的三个精度：低精度描述屏幕导航图、中精度描述屏幕快照、高精度描述数据类型。基于此形式的精度划分，我们可以总结出原型设计的三种精度级别。

♫ 低精度产品原型：即页面流程图，展示页面中的关键组件及页面之间的跳转流程。

♫ 中精度产品原型：像照片一样，展示包含所有组件的页面，主要展现页面布局。

☙　**高精度产品原型**：详细地展示原型中各个组件在不同操作下所展示的
信息。

我们可以看到产品原型的精度划分是以展示组件信息的丰富程度作为标准的。
三种精度的产品原型综合展示在产品文档中，可以高效地表达设计思路和产品示意
图，便于产品经理与设计师、研发工程师、需求方进行高效的沟通。接下来，我们
逐一拆解三种精度级别的原型。

1．低精度产品原型

低精度产品原型通过页面流程图快速地将用户在页面上的主要操作展现出来，
并且聚焦页面上关键组件的展示逻辑。页面流程图能够帮助产品经理快速总结和思
考产品在界面上的体验细节，以及快速和需求方进行沟通。因此，页面流程图是产
品经理输出原型的有力工具。

页面流程图的组成和流程图很相似，它包含的基本元素有页面、判断和触发动
作，如图 6-19 所示。

页面流程图的基本元素	
元素	解释
页面名称 / 页面内容	使用方框代表页面，顶部表示页面名称。 底部使用图形或语言展示用户看到的组件和信息。通俗地讲，用简单和易于理解的方式描述给用户展示了哪些信息。比如，页面内容：展示返货单信息
判断	根据条件，判断页面的走向
触发动作	使用箭头连接页面，并且写明箭头所指页面的触发动作。触发动作一般使用"动词+组件"的形式，如点击"确认"按钮，或者直接描述用户操作

图 6-19　页面流程图的基本元素

页面流程图就像普通流程图一样被连接起来，如图 6-20 所示。页面的主要组件
和信息展示在方框中，只要能表述清楚内容，任何形式都可以在方框中展示。在页

面流程图中，产品经理暂时不需要考虑页面布局。在箭头上写明触发页面出现的动作，或者看作出现这个页面的前置条件。如果网页有多个角色操作，那么触发动作也可以直接描述为用户行为，即"用户+动作+组件"，比如"顾客点击'确认'按钮""收银员点击'付款'按钮"，这种操作可以让页面流程图更加直观。最后，产品经理还要关注一点，在画流程图时，我们提到过"7±2"原则：流程图中的元素为 5～9 个是比较适合阅读的。如果页面流程图的元素超过了这个范围，那么可能这个流程划分得太细，需要分成多个流程图来展示。

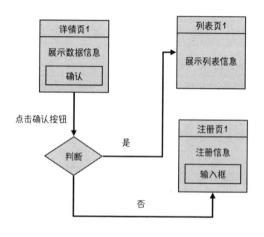

图 6-20　页面流程图

我们以咖啡厅为例来看一下页面流程图的实际应用。在输出站点地图时，我们已经得到了图 6-14，它展示了跟页面相关的流程图。在此图的基础上，我们要将用户的活动转化为用户操作界面的网页流程。我们以咖啡厅点餐的页面流程图为例，如图 6-21 所示。其中，我们在页面名称上标注出页面类型，方便后续设计中精度和高精度的原型图。

虽然我们使用低精度产品原型来归类页面流程图，但是并不排斥使用高保真的样式进行展示，我们可以采用真实页面的样式来展示页面的跳转。表现原型只有一个原则，那就是只要能够说清楚需求，任何样式都可以采用。

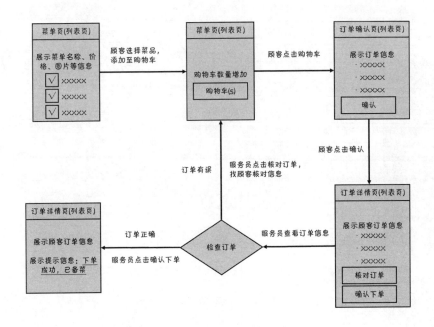

图 6-21 咖啡厅点餐页面流程图

2. 中精度产品原型

中精度产品原型主要用来展示完整的页面，能够让设计师、研发工程师进一步了解产品意图。好的原型就像照片一样，能够把一个页面的瞬间呈现出来。虽然它不能像电影一样动态记录下所有的内容，但是人们只要看到这个原型，就能回忆起很多产品细节。

因此，一个中精度产品原型至少要包含以下信息。

- ♫ 导航信息：告诉大家这个页面在哪里，从哪里来到哪里去，同时也要讲清楚产品的页面结构。
- ♫ 组件元素：组件是页面的基础元素，告诉交互设计师、UI 设计师、研发工程师，有哪些类似输入框、按钮类的组件。
- ♫ 页面布局：哪些组件布局在一起可以组成功能或页面重要的展示区域，页面布局可以参考专业的页面栅格系统。
- ♫ 文案信息：提供明确的文案信息。比如，这个功能的名称或提示信息是什么。
- ♫ 重要信息：注明页面中与功能或逻辑相关的信息。

通过思考以上信息，产品经理就可以得到产品原型了，如图6-22所示。

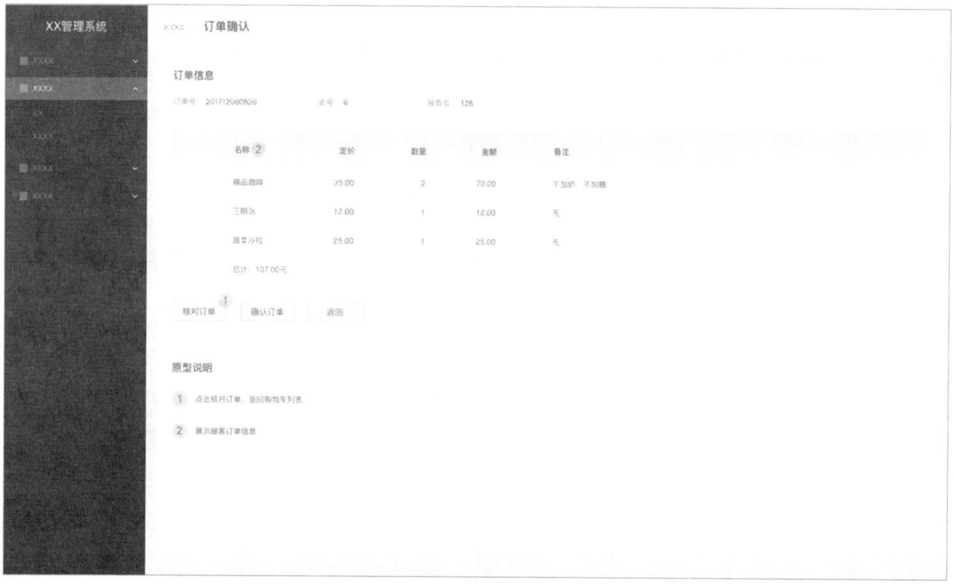

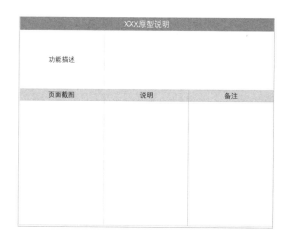

图6-22　产品原型

除了图片，产品经理也可以用文档的形式来说明原型，如图 6-23 所示。其中，"功能描述"部分主要用来填写"页面是什么""用来做什么"等信息。"说明"部分是对页面重要信息的补充解释。"备注"部分主要用来填写与执行相关的信息，如优先级、开发工程师等。

图6-23　产品原型说明

在设计中精度产品原型时，产品经理要把主要信息展示出来，便于快速沟通。

3．高精度产品原型

高精度产品原型主要用来详细展示原型中各个组件在不同操作下所显示的信息，或者不同状态下的页面信息。在画高精度产品原型时，产品经理需要像编写使用说明书一样，详细介绍每个组件或模块的产品要求。既然是详细描述，那么就免不了使用大段的文字来展示产品经理的设计意图。那么，如何让信息更加易懂呢？

在《软件需求与可视化模型》一书中，作者提出了 DAR 模型，即显示—动作—响应模型（Display-Action-Response）。DAR 模型的思路是针对界面中每一个组件，根据用户的具体操作写出对应的响应显示，比如界面上会对应显示哪些信息。这种结构化的思路，非常适合输出易读、易懂的原型。

因此，产品经理可以在 DAR 模型的基础上输出一个简单、实用的高精度产品原型的结构。首先，高精度产品原型的输出是建立在中精度原型的基础上的。之后，按照元素基本信息、权限展示、交互说明的结构输出说明，以【×号】页面元素说明为例，如图 6-24 所示。

【×号】页面元素说明			
功能描述			
页面截图			
权限展示			
用户权限	展示信息		
交互说明			
条件	操作	反馈	备注
备注			

图 6-24　【×号】页面元素说明

其中，标题中的【×号】是指在类似图 6-22 的原型图中添加说明的标号，便于定位说明的原型区域。"功能描述"是用来说明组件是用来做什么的，能给用户解决什么问题。"权限展示"是指在不同的用户权限下，向用户展示信息。"交互说明"是指在特定的条件下，根据用户的操作得到的反馈。"交互说明"中的"备注"是用来填写与执行相关的信息的，如优先级、研发工程师等。依据以上填写提示，产品经理可以得到高精度的产品原型，以【2 号】页面元素说明为例，如图 6-25 所示。

【2号】页面元素说明			
功能描述	查看顾客的订单信息		
页面截图	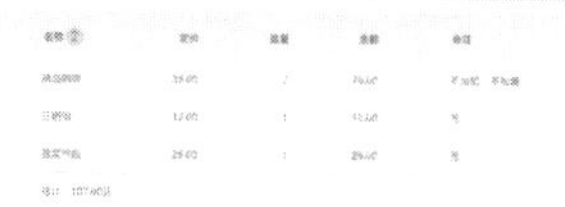 名称 ⓘ　　　定价　　流量　　金额　　备注 爆品促销　15.00　　/　　75.00　　产品促、卖九折 口味套　11.00　　/　　11.00　　/ 居家产品　25.00　　/　　25.00　　/ 小计（3个产品）		
权限展示			
用户权限	展示信息		
所有用户	展示订单信息，包括名称、定价、数量、金额、备注、总计		
交互说明			
条件	操作	反馈	备注
顾客确认订单以后	服务员查看订单详情页	展示订单信息	优先开发 测试时，需要重点关注
备注			
此处在设计UI时，要确保数据信息易读			

图 6-25　【2 号】页面元素说明

这样，通过结构化的方式，产品经理就能得到高精度产品原型，从而便于与团队的其他成员进行沟通。

我们可以看出，在输出高、中、低三种精度的产品原型时，产品经理投入的精力是依次递减的。当然，这并不代表产品经理在输出产品原型时只能选择其中一个。如果精力和时间允许的话，那么三种精度的产品原型在文档中可以同时出现，这样做肯定有利于后续设计的跟进。

权限对于 B 端产品来说是不是很重要？

高标：回川，我在原型中看到了关于权限的内容，权限是不是很重要？

回川：B 端产品的特点是页面众多、数据复杂、操作流程多变。特别是 SaaS 领域存在着多租户的概念，即一个B端产品供多个不同的客户使用。因此，B 端产品的权限显得尤为重要。关于设计权限的方法和资料，你可以在网上查到很多，基本上都是围绕 RBAC 模型展开的，即 Role-Based Access Control。也就是，将用户进行归类，不同的角色有不同的权限，如图 6-26 所示。

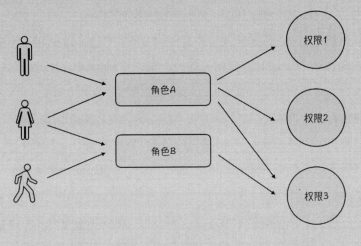

图 6-26　不同角色的权限

回川：权限包含页面、功能、数据三个维度。页面权限是指用户能否看到这个页面，功能权限是指用户能否使用这个功能。因为 B 端产品的功能和流程比较复杂，多个角色在业务的上、下游进行操作，所以需要限制操作的范围。数据权限是指用户能否看到或使用这个数据。B 端产品中的数据会展现业务的运营状况，涉及数据保密的问题，需要通过权限限制用户对数据的查看、使用和下载。设计 B 端产品权限的时候，产品经理要从 B 端产品管理框架的整体结构来思考。权限是将角色和功能、页面、数据进行关联的。在 B 端产品管理框架的规划阶段，产品经理已经进行了客户调研和流程梳理了，即谁做什么事情，他可以看到什么样的数据。因此，产品经理在画原型时，不要割裂地看权限设计。

高标：好的。我知道了。

6.2.3　登机模式与产品需求文档

在前面的内容中，我们提到了需求管理包含两个阶段：需求收集和需求设计。这两个阶段分别对应两种模式：急诊模式和登机模式。现在，我们已经进入了产品管理流程的设计阶段，先来为大家介绍一下需求设计阶段的登机模式。

1. 登机模式

做需求就像坐飞机一样，虽然通过各种渠道买好了机票，但是并不意味着可以马上乘坐飞机，而是要先进行 Check-in（办理乘机手续）。

面对各个部门提出的大量需求，产品经理有时在需求收集阶段，不能简单、快速地评估出全部细节。这时，需要增加一个需求设计阶段，对已经定好排期的需求，进行 Check-in，将机票转化为登机牌，然后凭借登机牌上飞机。

这里的登机牌指的是产品文档，登上飞机指的是进入需求开发阶段。

在需求收集阶段，收集到的资料大部分可以归为需求文档，也就是描述我想要什么、实现什么样的效果，或者说需求文档不涉及具体界面功能流程、交互设计、UI 设计。

实际上，需求文档是可以不涉及这些内容的。原因是需求文档更注重产品概念的构想和设计，以及与需求人或负责人进行沟通把业务语言翻译成需求。因此，需求文档像一个行动宣言，在需求设计阶段，将需求产品化。什么是产品化？就是将需求转化为可以投入资源的行动项，这些行动项就是由需求文档转化成的。产品需求文档真正地将需求描述转化为产品解决方案，转化为让设计师和研发工程师可执行的方案。

当然也有特例，如果需求是业务逻辑的修改，不涉及界面操作，那么这时的需求文档就等价于产品需求文档。

2. 产品需求文档的格式

前面的内容已经对需求文档包含的内容、结构、目录进行了介绍。我们刚才也提到，需求文档与产品需求文档有着密不可分的联系。因此，只要再加入"产品需求说明"的条目，就可以形成产品需求文档了，如图 6-27 所示。

其中，站点地图来自设计信息架构的输出物，产品原型使用高、中、低三种精度的原型来表现。

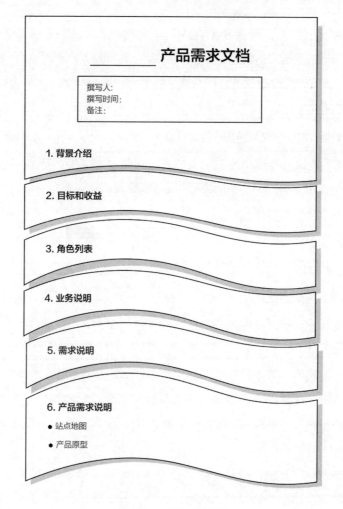

图 6-27　产品需求文档

3. 采用在线共享的方式

无论产品需求文档以什么形式表现，只要能够清晰地表达设计思路、便于沟通就是好文档。

这里要提的是产品文档采用共享文档的形式，更有利于沟通、交流和修改。产品经理一般会用 Word 来书写产品文档，然后以邮件的形式发送给团队成员。于是，更新和保存文档变成了问题。产品文档以邮件的形式淹没在邮箱的"汪洋大海"中，这样经常发生漏看文档和查找文档不便的情况。

因此，产品文档要采用在线共享的形式，比如 Wiki 文档管理系统、墨刀、

Google 文档等形式。产品经理使用在线共享文档的最大优势是可以随时保存和分享。使用者只要知道链接，就可以看到最新版的文档内容，同时也可以参与编辑文档、更新信息，减少沟通的成本。在线共享也便于积累和保存产品文档。

总结：设计产品原型

- 在这个活动中，产品经理需要做什么？

产品经理需要设计并输出产品原型的方案，整理成文档。产品经理以此方式将需求变成产品化的解决方案，便于后续的设计和研发。

- 做活动之前要准备什么？

第一，站点地图。

第二，需求文档。

- 有哪些工具或方法？

第一，交互设计知识。依据用户行为设计产品原型，必然会涉及交互设计。因此，产品经理学习交互设计知识，对表达产品设计意图是非常有帮助的。

第二，排版知识。清晰易懂的产品原型既能体现产品经理的专业度，又能提升与设计师、研发工程师的沟通效率。在《写给大家看的设计书》一书中，作者将板式设计的方法归纳为"亲密性、对齐、重复、对比"。产品原型只要满足以上四点，就是易懂、易读的产品原型。

第三，原型软件技能。产品经理学会使用 Axure、Sketch、Visio、OmniGraffle 等工具，可以提升输出产品原型的效率。当然，最快输出产品原型的方式是使用纸和笔来画原型。有效地使用工具能够精确地表达设计思路。

- 在活动结束以后得到了什么？

第一，产品原型。产品经理可以使用高、中、低三种精度的原型来表达自己的设计思路。

第二，产品需求文档（Product Requirement Document）。产品经理在需求文档的基础上加入产品需求说明，并使用在线共享的方式与团队成员进行协作。

- 产品经理还要关注什么？

无论产品文档以怎样的形式存在，只要便于沟通就是好文档。

6.3　设计交互：让 B 端产品简单、易用

6.3.1　可用性原则：与设计师沟通的基础

产品经理设计输出产品原型以后，就要交付给交互设计师设计交互方案了。其实，在设计产品原型的过程中，产品经理已经在设计交互细节了。

交互设计师会以用户体验为核心，从更专业的角度设计出更便于用户使用和操作的方案。交互设计师会在产品原型的基础上，进一步规范操作细节、页面尺寸、组件使用方式，以便与 UI 设计师和研发工程师进行沟通。

B 端产品更偏重于工具属性，注重帮助用户提升工作效率和效果。因此，设计 C 端产品的交互像是设计一本赏心悦目的小说，而设计 B 端产品更像是设计一本产品说明书，需要追求使用的高效性和易学性。

专业的人做专业的事情，交互设计师主导在设计交互阶段的方案输出，产品经理也需要了解一些交互设计原则才能更好地与设计师进行密切的配合。

产品经理可以参考经典的交互设计理论——尼尔森十大可用性原则（Nielsen's Heuristics for Usability），如图 6-28 所示。

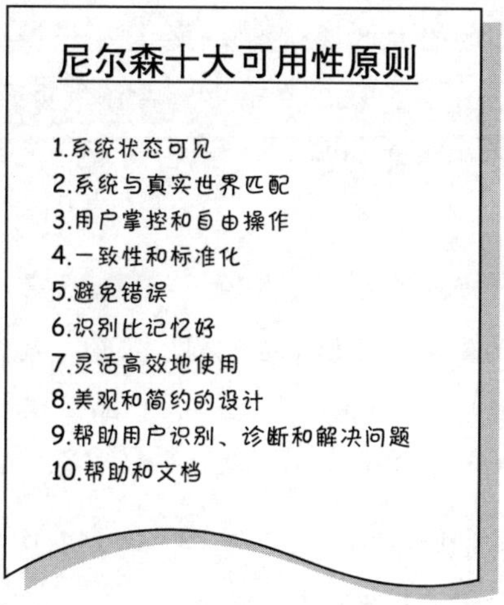

尼尔森十大可用性原则

1. 系统状态可见
2. 系统与真实世界匹配
3. 用户掌控和自由操作
4. 一致性和标准化
5. 避免错误
6. 识别比记忆好
7. 灵活高效地使用
8. 美观和简约的设计
9. 帮助用户识别、诊断和解决问题
10. 帮助和文档

图 6-28　尼尔森十大可用性原则

♫ 系统状态可见 Visibility of system status：想象一下，我们在等快递时的感觉，如果快递的路由信息长时间静止在一个状态，那么不免让人对快递的发送方产生怀疑。B 端产品也是一样的，用户进行了一个操作以后，产品应该及时给用户反馈"我收到了""我正在做"。

如果用户能够随时获得产品的反馈信息，那么他就会对产品产生信任和安全感，及时反馈信息能让用户充分控制和掌握产品。从另一方面来看，如果没有及时反馈信息，用户等待时间过长，就会认为产品出现了问题。

♫ 系统与真实世界匹配 Match between system and the real world：产品经理在设计 B 端产品时，要参考用户在真实环境下使用的单据和报表，将其映射在产品中，减少用户的学习成本。

♫ 用户掌控和自由操作 User control and freedom：用户在使用 B 端产品时，可以自由退出或结束当前的任务操作。

♫ 一致性和标准化 Consistency and standards：所谓的一致性和标准化就是让界面元素和操作形成一套让用户可识别、可学习的标准，并且在产品的任何地方都可以应用。这就像汽车的方向盘一样，无论司机驾驶什么品牌的汽车，都可以快速地了解方向盘的使用方式。

这与之前提到的模式思维有类似的地方，根据用户的操作行为提供对应的解决方案。比如，在用户眼中，在任何页面，如果他想搜索信息，只要找到一个输入框和搜索按钮就可以了。这样就省去了用户学习的成本。

同时，产品经理也要关注信息的一致性。如果在不同的页面出现相同含义的信息，就要检查名称是否相同。比如，搜索功能在不同的页面分别被命名为"搜索""搜寻"等名称，产品经理应该让相似的功能取相同的名称，以免产生歧义。

♫ 避免错误 Error prevention：产品经理在设计 B 端产品时，需要检查一下界面的按钮是否会产生误触。

♫ 识别比记忆好 Recognition rather than recall：产品要减少用户的记忆负担。产品经理在设计针对单据的操作流程时，要关注用户想要知道哪些单据的基础信息，以免用户跳出当前界面进行查询。

♫ 灵活高效地使用 Flexibility and efficiency of use：产品经理要不断地提高界面的使用效率。

♫ 美观和简约的设计 Aesthetic and minimalist design：B 端产品的界面信息要简明、突出。

♫ 帮助用户识别、诊断和解决问题 Help user recognize、diagnose and recover from errors：在产品设计中，产品经理要特别关注给用户反馈的操作信息。如果用户操作错误，弹出信息框告诉他"错误！输入非法！"再配上一个红色的叉号，那么用户的心情一定会很差。因此，为了避免这种情况发生，产品经理需要在梳理交互设计方案及后期跟进产品研发的时候，仔细地检查一遍反馈信息，看一看话语是否清晰明了、是否能友善地提供解决方案。

♫ 帮助和文档 Help and documentation：用户在使用产品的过程中，需要一定的学习成本。产品经理需要在界面上提供必要的使用帮助，并整理出专门的产品使用文档帮助用户学习。

产品经理通过建立这些共识，可以与交互设计师更好地进行沟通。

6.3.2　设计系统

我们已经知道了 B 端产品是一个复杂的系统。产品经理设计好产品方案以后，就要将其交付给交互设计师了，如果交互设计师是新接触这个产品和业务的话，那么在后续的沟通中，产品经理和交互设计师之间就会产生一些冲突，从而降低设计的效率。缺少对使用场景理解的体验设计方案，往往也不能满足用户的需求。因此，为了解决这些设计问题，提供 B 端或 C 端产品的公司都在致力打造设计系统（Design System）。

什么是设计系统？设计系统是一家公司关于设计的章程和规范。设计系统是提供给产品经理、设计师、开发人员的关于工具、模式、组件的指南。设计系统一般由设计目标、设计原则、品牌语言、模式库、组件库等组成，如图 6-29 所示。因此，设计系统一般是以文档的形式展现的。

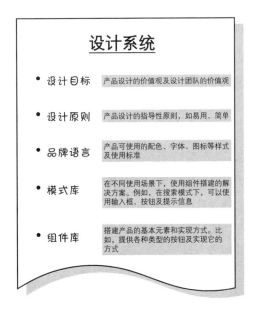

图 6-29　设计系统

使用设计系统可以提升设计效率。在设计系统的框架下，产品经理、设计师和研发人员可以快速地沟通设计的样式、成本等问题，减少重复设计和开发，加快产品设计的实现。除此之外，使用设计系统能使产品风格统一。在实践设计系统之后，B端产品会保持统一的设计风格，使用者的习惯也会逐渐被培养起来，同时也会降低学习和培训的成本。

如果所在的组织和公司已经有设计系统了，那么产品经理就需要在设计产品原型时践行设计系统的要求，从设计系统中寻找组件来搭建自己的设计方案。如果所在的组织和公司还没有设计系统，那么产品经理除了向用户体验部门建议搭建设计系统，也可以学习其他公司已经开发出来的设计系统。

关于交互设计，产品经理还需要了解什么？

高标：关于交互设计，产品经理还有哪些需要关注的信息呢？

回川：交互设计作为一门学科，有很多专著可以供产品经理学习，比如《交互设计精髓》《简约至上》《点石成金》等。产品经理通过学习有关交互设计的知识，可以设计出更适合用户的 B 端产品。另外，产品经理也可以参考一些资料，比如 Google 的 Material Design、著名的 B 端公司 Salesforce 的 Lightning Design System，以及做出 JIRA 的 Atlassian 公司的 Atlassian Design System，还有阿里提供的

AntDesign。当然，比较经典的关于设计系统的书籍是 Alla Kholmatova 写的 *Design Systems: A practical guide to creating design languages for digital products*。如果感兴趣的话，可以找来看一看。最后，还需要补充一点，产品经理在提升 B 端产品用户体验的同时，还要关注客户体验。在前面我们提到过，客户体验和用户体验都是一以贯之的。

高标：好的。我明白了。

总结：设计交互

- 在这个活动中，产品经理需要做什么？

产品经理要协助交互设计师，在产品原型的基础上设计出交互设计方案。

- 做活动之前要准备什么？

第一，站点地图。

第二，产品原型。

第三，产品需求文档。

- 有哪些工具或方法？

交互设计知识。产品经理需要了解和学习交互设计知识，这样才能够与交互设计师在相同的知识背景下进行高效的沟通。同时，产品经理也要实践设计系统。

- 在活动结束以后得到了什么？

产品交互设计方案。

- 产品经理还要关注什么？

细节能体现出一个产品的专业度。优雅的交互设计往往体现在细节中，这就需要产品经理花费精力去打磨自己的产品细节。

6.4　设计 UI：如何与设计师高效地沟通

C 端产品最吸引人的地方就是精美的界面，而 B 端产品往往给人留下的印象是界面比较丑。有时，颜值即是生产力，好看的界面会减少用户使用的阻力。因此，产品经理需要与 UI 设计师密切地沟通，配合完成产品的视觉设计。在 6.3 节中，我们已经知道了使用设计系统可以提升设计效率。因此，在设计 UI 的阶段，产品经理要与 UI 设计师进行高效的沟通和密切的协作。

如果产品经理要与 UI 设计师进行高效的沟通，就要做到以下几点。

♪ 不要称呼 UI 设计师为"美工"，UI 设计师不仅会使用 Photoshop、Sketch 等软件设计界面，还会利用绘画训练、色彩搭配、字体设计、创意训练等设计积累，不断地输出设计。因此，产品经理不要低估 UI 设计师在界面设计中的工作量。

♪ 主动学习与设计有关的知识。产品经理要与 UI 设计师在相同的知识背景下进行沟通，也就是说产品经理要了解与设计有关的知识。产品经理可以找一些设计类的书来读，比如《写给大家看的设计书》或介绍色彩构成、平面设计的书。产品经理也可以经常逛逛 Dribble、优设、站酷设计网站，提高自己对设计的认知。同时，产品经理还要了解公司或团队的设计规范。设计规范是设计师开展设计工作的重要标准和参照依据，包含配色、字体、布局等内容。

♪ 明确指出设计重点。产品经理应该告诉 UI 设计师，需要设计的页面中的重点功能是什么，使用者在什么场景下使用，以及希望用户重点使用的界面组件和信息有哪些。

♪ 给出设计案例。产品经理在提出自己的设计要求时，可以找出一些自己认为比较好的设计案例提供给设计师参考，并且说出案例中的哪些元素可以作为参考，比如配色、版式、字体等。

总结：设计 UI

• 在这个活动中，产品经理需要做什么？

产品经理要协助 UI 设计师在产品原型和交互设计方案的基础上，设计出直接呈现给用户的产品界面图。

• 做活动之前要准备什么？

第一，站点地图。

第二，产品原型。

第三，产品需求文档。

第四，产品交互设计方案。

- 有哪些工具或方法？

UI 设计知识。产品经理了解相关设计知识，能够提高与设计师的沟通效率和最终输出的设计质量。

- 在活动结束以后得到了什么？

产品 UI 设计方案。

- **产品经理还要关注什么？**

产品经理要多与设计师进行沟通，了解他们对设计的追求和认知，加强双方在工作中的默契。

第 7 章

研发、发布阶段：产品方案的实现与上线

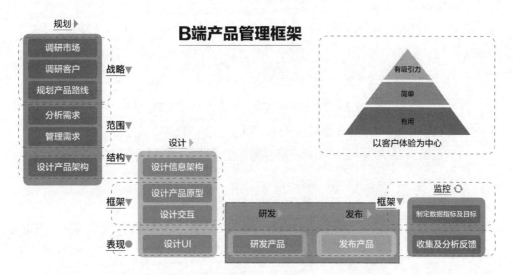

设计不仅仅是它的外观和感觉，还包括运作方式。——史蒂夫·乔布斯

此鸟不飞则已，一飞冲天；不鸣则已，一鸣惊人。——《史记·滑稽列传》

产品经理完成了设计阶段的工作以后，将进入研发阶段。在研发阶段，产品经理要协助开展研发产品活动，这个活动分布在表现层。在研发阶段，产品经理虽然并不需要亲自写代码，但需要承担起项目管理的义务，协助研发和测试同事，推进产品开发。

完成研发以后，产品将进入发布阶段。在发布阶段，产品经理要开展发布产品的活动，这些活动分布在表现层，产品经理要根据制订好的计划来发布产品。

7.1　项目管理：来自产品经理的辅助

7.1.1　项目管理是必备技能

在需求管理的章节中，我们已经知道了经过需求管理以后，需求会生成一个个的项目。在设计完产品方案以后，研发工程师需要通过编程将产品方案逐步落地实现。虽然研发工程师在研发阶段起着重要的作用，但是产品经理也要发挥项目管理的技能来推动研发顺利进行。

在这一节，我们将重点介绍产品经理的项目管理技能，主要以美国项目管理协会（PMI）制订的项目管理知识体系（Project Management Body of Knowledge，PMBOK）为基础。

产品经理会越来越多地用到项目管理技能。

产品经理的职业要求是要为结果负责。因此，产品经理做成一件事情，需要利用各种方法。从职业技能的要求上来说，项目管理技能是产品经理必备的技能。比如，百度、腾讯等互联网公司都对产品经理提出了项目管理技能要求。

1. 项目与管理

产品经理工作及生活中的很多事情，都可以看作一个项目，比如完成一次需求调研、做一顿饭、考一次试等。产品经理如果要完成这些事情，就需要利用项目管理的方法。

《项目管理知识体系指南》中指出，项目是为创造独特的产品、服务或成果而进行的临时性工作，而项目管理是把知识、技能、工具和技术应用于项目活动以达到项目要求。

这些概念可能很抽象，换一个形象的说法，做项目管理要经历五个过程，即启动、规划、执行、监控和收尾，如图 7-1 所示。这五个过程叫作项目管理生命周期，包含很多项目管理的方法，比如项目时间管理、项目沟通管理等。产品经理要根据项目管理的不同阶段，选择不同的项目管理方法来进行项目管理。

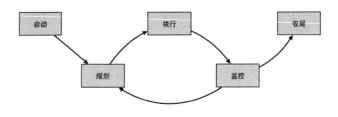

图 7-1　项目管理过程

2. 项目生命周期

既然有项目管理生命周期，那么肯定也有项目生命周期，这又是一个抽象的概念。不过，敏捷开发、瀑布式开发这几个名词大家应该都听过，它们指的都是项目生命周期。因此，项目生命周期是指按技术的研发方式来划分项目阶段，每个阶段都要完成不同的技术研发任务。

那么，项目生命周期和项目管理生命周期有什么联系呢？

项目生命周期的每一个阶段都可以看作一个项目，都要经历项目管理生命周期的五个阶段，也就是说都要通过启动、规划、执行、监控和收尾来进行管理（见图7-2）。

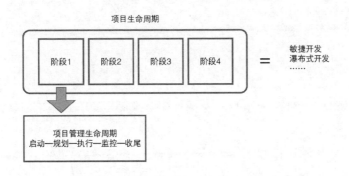

图 7-2 项目生命周期和项目管理生命周期之间的联系

3. 项目集和项目组合

除了项目，还有项目集和项目组合。

项目集是有内在联系的一系列的项目组合，项目组合是几个或一些项目、项目集、子项目组合，虽然它们之间不一定有联系，但是要有优先级排序。而且更重要的是，项目组合是直接服务于组织战略的。项目组合管理是项目管理的高阶。

产品经理或项目经理的最高目标是直接为战略服务。可以说，产品经理和项目经理是殊途同归的，产品经理的职业进阶的目标是工作内容可以直接影响组织战略。因此，无论是项目管理知识还是产品管理知识，只要能为组织战略服务，就是可取的。

如何获得项目管理的相关知识？

高标：回川，如何才能获得项目管理的相关知识呢？

回川：项目管理技能极为注重实践。产品经理在实际工作中会接触不同的项目，通过不断地磨炼来提升能力。当然，产品经理也可以以前人总结好的知识为基础，不断地增加知识存储，然后应用于实践。

回川：这里的项目管理知识主要是指美国项目管理协会制订的项目管理知识体

系。获得这些知识的途径有看书、考试，即美国项目管理协会每季度在全球举行的项目管理专业人士资格认证（PMP）。PMP 的考试内容是美国项目管理协会制定的项目管理知识体系（PMBOK）。

回川：PMBOK 传授的是单一项目管理的基础知识。也就是说，一个项目从开始到结束的最基础的管理方法论。产品经理通过学习 PMBOK，可以搭建项目管理的知识体系。其中，工作分解、沟通管理等知识，在工作中非常实用。

回川：PMBOK 是可以应用在不同项目生命周期的基础方法，有助于项目的成功，它是项目管理的"九九乘法表"，可以有效地提升运算速度。PMBOK 的知识具有基础性和普适性的特点，有助于产品经理构建项目管理的知识框架，并提高能力。PMBOK 的知识比较抽象、晦涩，不如敏捷开发的知识生动、有趣。PMBOK 的知识像项目管理的字典和索引，在实际工作中，产品经理可以通过它的指引找到对应的解决方案。

回川：PMP 考试属于水平考试，成绩不会涉及具体分数，只会显示通过或不通过。考 PMP 只是获得项目管理知识的手段，真正获得项目管理的知识才是核心。

回川：说句题外话，现在流行用"刻意练习"的方法掌握知识。其实，因为想获得某个领域的知识，而去考这个领域的证书，就可以看作"刻意练习"。在备战考试的过程中，我们能够清晰地勾勒出知识结构、梳理学习目标、明确地检验学习结果，而且报名费一般会增加学习的动力。获得证书的成就感，又可以使自己的心态变得积极。另外，考试内容再简单，在备考的过程也会感觉到痛苦。产品经理可以通过考试突破自己的舒适区，唤醒自己的斗志。

高标：好的。我明白了。

7.1.2　项目微管理：以终为始

虽然产品经理可以基于 PMBOK 的知识去做项目管理，但是 PMBOK 作为项目管理的知识体系，内容多且复杂，学习成本很高。因此，在这里提炼出项目管理的核心知识，便于大家快速地管理项目，降低学习成本。这套提炼的知识被称为项目微管理。

项目微管理的总体思路是，先明确项目管理最终需要什么，然后反推出怎么得到它。

1．核心问题：什么是项目

什么是项目？这是项目管理的核心问题。

《项目管理知识体系指南》中指出，项目是为创造独特的产品、服务或成果而进行的临时性工作。根据这个定义，我们可以归纳出项目的三个特性。

♪ 项目有明确的开始和结束的时间，也就是项目都有开始时间和结束时间。我们称没有明确的开始和结束时间的活动为运营，运营通过连续不断的工作来交付成果。比如，产品经理带领团队交付给业务同事一个系统功能，业务同事使用这个功能不断地让业务正常运转。从这个方面来看，产品经理与项目经理的不同之处在于项目经理在项目结束以后，任务基本上就结束了，而产品经理要在项目结束以后，继续跟进项目上线后的运营状况，并开启另一个项目，推动业务发展。

♪ 项目会产生成果。显而易见，产品经理跟进项目，最终一定会得到供用户使用的产品功能。

♪ 项目计划随着项目的开展而逐渐变得详细。产品经理在初期制订项目计划时，不一定能够面面俱到。毕竟，产品经理不是预言家，不能制订出万无一失的计划。因此，在项目初期，产品经理可以把计划的大体轮廓和走向制订清楚。随着项目的推进，产品经理面对实际状况，再不断地将新情况、新问题、新方案等进行调整。

以上三个特性可以指导我们判断什么是项目。

为什么要明确什么是项目呢？

高标：回川，为什么要明确什么是项目呢？

回川：在日常工作中，产品经理经常要汇报和反馈自己的工作。能够明确分出产品和项目的区别，有助于产品经理更好地汇报工作。我们从项目的定义来看，开发 CRM 系统、筹备年会、优化系统 Bug，都可以看作一个项目。而运营产品网站这类长期持续的工作，就不能看作项目了。我们可以简单地总结一下项目与产品的区别，如表 7-1 所示。

表 7-1　产品与项目的区别

	产　品	项　目
持续时间	持续改进	一次性交付（有开始和结束时间）

续表

	产　品	项　目
团队组成	长期合作的团队	临时组建的团队
发起	来自客户需求	来自项目需求
最终交付	得到预期或超预期的收益	得到项目规定的成果

2. 项目目标：多、快、好、省

目标是指引项目最终输出结果的方向。根据《项目管理知识体系指南》，产品经理面对的大部分项目目标基本上可以归纳为四个维度：范围（Scope）、时间（Time）、质量（Quality）、成本（Cost）。《红烧肉一样的项目管理》将项目目标的四个方面有趣地归纳为多（范围）、快（时间）、好（质量）、省（成本），方便大家记忆。

然而，在实际的项目管理工作中，产品经理不可能全部兼顾。比如，产品经理在处理一些临时插入且上线时间点确定的项目时，开发时间和最终产品的交付质量不能打折扣，因此只能在需求范围和开发资源上做调整。不过，在经典著作《人月神话》中，作者提到了 Brooks 法则，即在进度延后的项目中加人往往会事与愿违，让进度更加落后。也就是说，如果工作量和开发资源评估不准的话，那么增加研发资源也会存在风险。因此，产品经理可能需要在需求范围上进行调整。

总之，产品经理要综合考虑项目目标的四个维度，从结果导向来管理项目。

3. 项目计划：5W1H

我们已经知道了项目及项目的目标是什么，接下来就要制订项目计划，让项目按照计划一步一步地实现。

我们按照 5W1H（即 What、Why、When、Who、Where、How）的结构，结合以终为始的理念，来制订项目计划，如表 7-2 所示。

表 7-2　项目计划

内容	解　释	输　出
What	项目结束以后，得到了什么成果、功能或产品	需求说明文档、产品需求文档
Why	为什么做这个项目？项目的意义、背景、目标是什么	项目相关邮件、会议纪要
When	项目的开始时间和结束时间是什么？有哪些关键时间点	项目时间计划、工作量评估

续表

内容	解　释	输　出
Who	谁来做？给谁做？还涉及哪些人	干系人登记表
Where	项目的资源和风险是什么	资源列表、风险登记册
How	如何实现需求？包括做哪些工作、怎么沟通、关键里程碑是什么	工作分解结构、里程碑清单、微信群

我们具体看一下，5W1H 分别指哪些内容？

♪ What：项目计划要包含项目结束以后得到怎样的成果。这些内容的输出来自需求说明文档、产品需求文档、交互设计方案等，产品经理要从这些文档中找到资料。

♪ Why：产品经理要在项目计划中明确做项目的背景、意义、目标等。这些信息一般会在沟通项目的邮件中，或者在讨论项目的会议中。换句话说，产品经理在推进项目时，至少要找到一封项目邮件，这封邮件描述了这个项目的背景和意义。在此基础上，产品经理可以发布项目进程中的相关信息。

做项目需要仪式感，就像建房子时开一个奠基仪式一样。产品经理可以通过发送邮件或召集大家开项目启动会等方式，让项目成员把注意力和精力集中到项目上。

♪ When：项目的开始时间、结束时间及相关的工作量，这些是项目计划的必备内容。产品经理可以采用甘特图的形式输出。

♪ Who：人是项目中的关键因素。在前面的内容中，我们也提到过，产品经理做需求时，要找到需求实现后的受损方，这要求产品经理考虑到项目中的支持者、反对者、中立者。产品经理要时刻谨记谁来做这个项目、这个项目为谁做、这个项目会涉及谁。在项目管理中，这些人统称为干系人。

产品经理可以自己管理干系人登记表，以便在项目中进行联系和沟通，干系人登记表中的基本信息包括姓名、电话、联系方式、职务等。

干系人登记表的形式没有限制，可以只存在于产品经理的脑海中，不必向项目的其他成员公开。

♪ Where：产品经理要知道推进项目需要哪些资源、从哪里寻找资源。比

191

如，项目要有资金、封闭开发会议室、电脑硬件支持等资源，产品经理要把这些整理成一个清单——资源列表，然后根据列表去申请资源。

同时，产品经理也要知道项目存在的风险。《项目管理知识体系指南》中对项目风险的定义是一种不确认的条件或事件，一旦发生会对一个或多个项目目标造成积极或消极的影响。虽然定义中的风险包括对项目的积极影响，可以理解为机会，但是在大部分情况下，风险会带来消极影响。

对于风险，产品经理可以借助风险登记册来管理，包括对风险的分析、评估和应对措施，如图 7-3 所示。

风险登记册							
风险编号	风险说明	风险等级	影响				风险应对
			范围	质量	进度	成本	
1	张三在X月份，休了5天年假	低			提测时间有可能延迟		李四提前与张三交接工作

图 7-3 风险登记册

♫ How：产品经理要知道如何实现需求，也就是要做哪些工作，与项目组成员如何进行沟通，以及有哪些关键里程碑等。

产品经理要解析出在项目中要做哪些事情，可以应用一个比较有效的工具——工作分解结构（Work Breakdown Structure，WBS）。工作分解结构是对项目输出成果的进一步拆分，便于产品经理对项目进程进一步管理，这里的工作特指项目输出的成果。

我们以宫保鸡丁为例来看工作分析结构，如图 7-4 所示。我们把做宫保鸡丁这道菜当成项目，对项目的输出成果——宫保鸡丁进一步分解，就能得到我们在菜谱中经常看到的主料和辅料部分。宫保鸡丁是主料、辅料、调味品、炊具、烹饪共同协作产生的成果，再对它们进一步细分。这就体现了"以终为始"的项目管理思路。我们先列出最终要得到什么，然后再思考如何得到。

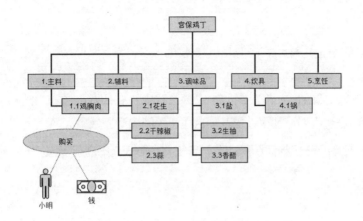

图 7-4 工作分解结构

我们以"1.1 鸡胸肉"为例，做宫保鸡丁需要的鸡胸肉要到菜市场购买。这个工作交给小明去做，同时我们把钱也交给小明，小明购买鸡胸肉大概需要 30 分钟的时间。从项目管理的角度来看，小明以购买的形式得到鸡胸肉并耗时 30 分钟。这样，我们就知道了"需要做哪些事情（即活动）""谁来做这些事情""需要多长时间""需要哪些资源"。我们通过工作分解结构，可以得到购买鸡胸肉的项目计划，如表 7-3 所示，我们可以在此基础上，评估使用资源和时间。

表 7-3 购买鸡胸肉的项目计划

输出物	负责人	活动	耗时	使用资源
鸡胸肉	小明	购买	30 分钟(18:00—18:30)	钱

在项目推进的过程中，产品经理要制定里程碑清单，便于快速地汇报项目进度，如表 7-4 所示。里程碑是项目中重要的时间点或事件，比如在一般的互联网项目中，提测和上线的时间是重要的里程碑。产品经理制订好里程碑清单，有助于项目成员明确目标，也有助于老板快速地了解项目进度。

表 7-4 里程碑清单

里程碑	里程碑描述	实现时间

在项目推进的过程中，产品经理要提升项目成员之间的沟通效率。产品经理可

以把项目成员拉进微信群、QQ 群、讨论组，或者在一个会议室中进行封闭开发，以此提升沟通效率。我们要关注的是信息的发出方一定要保证接收方能够收到并看懂信息。比如，产品经理要保证发出的邮件内容简练、重点信息明确且易于阅读。在沟通中，接收方要给出反馈。比如，在讨论组中，有人发出了一个消息，接收方要回复"收到"。这些细节都可以提升项目成员之间的沟通效率。

总之，产品经理在制订项目计划时，需要参照表 7-2 进行查漏补缺，逐渐完善自己的项目计划。

7.1.3 标准化：推进项目计划的基石

产品经理制订好项目计划以后要推动项目前进。虽然推进项目的方法有很多，但是产品经理只需要掌握一个核心的方法——PDCA 循环即可，因为它是由质量管理专家戴明宣传和推广的，所以又称"戴明环"。PDCA 循环也成为管理学书籍中必不可少的内容，它具体指计划（Plan）、执行（Do）、检查（Check）、处理（Action），如图 7-5 所示。

图 7-5 PDCA 循环

我们来看一下，PDCA 循环的具体内容。

- ♫ 计划（Plan）：产品经理要按照 5W1H 的结构来制订项目计划。
- ♫ 执行（Do）：制订完项目计划以后，产品经理要按照计划落地执行。
- ♫ 检查（Check）：产品经理对项目的输出成果或阶段性成果进行检查，看看是否是自己想要的或缺少什么。
- ♫ 处理（Action）：产品经理对检查的结果进行处理，缺失的部分要尽快补齐。产品经理还要对经验和教训进行总结，用于下一阶段的 PDCA 循环。

　　产品经理在推进项目的过程中，需要关注推进项目的重要基石——标准化，如图 7-6 所示。《精益工作法——超级简单实用的个人绩效提升指南》给出了标准化的定义：完成某项工作的最佳工作方法。简单来说就是，在项目管理中，产品经理会处理很多问题并积累很多经验、文档和方法，产品经理应该将其标准化并分享给其他的项目成员。这样，其他人在遇到相同的问题时，可以直接使用已经被验证过的经验、文档或方法，不用再浪费时间和精力去进行思考和探索。

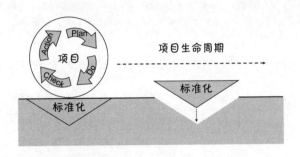

图 7-6　推进项目的重要基石——标准化

　　比如，产品经理可以将总结好的项目会议纪要模板分享给项目组的其他成员，这样大家都可以高效地输出内容完备的会议纪要了。再比如，产品经理在产品上线之前，制订好上线步骤和检查清单，项目组的成员只要按照步骤和清单执行就可以了，这样能够避免出错、提高效率。

　　因此，标准化可以避免项目再次陷入同样的错误，大家可以沿用成功的工作方法、经验，顺利地推进项目。

7.1.4　项目管理的有效工具：看板

　　在研发阶段，产品经理可以使用看板模式来管理需求和项目。

　　在产品经理的日常工作中，邮件是最基本的沟通工具。很多需求的内容和状态，都是以邮件的形式进行管理的。然而，与需求相关的邮件往往淹没在大量的其他办公邮件中，不便于管理。

　　因此，在需求管理的方法中，需求的形式或载体不能只依附于邮件，应该多种多样。比如，在需求池中，需求就是以一行数据的形式存在的，在需求研发阶段，可以采用看板模式，让需求以卡片的形式存在。

1. 看板

看板管理的方法来自制造业的专门知识，它是指为了达到 JIT 准时生产方式而控制现场生产流程的工具，如图 7-7 所示。看板是由不同的"泳道"组成的，需求以卡片的形式从最左端开始运行至最右端结束。"泳道"可以按照需求的状态来划分，也就是说，需求卡片从左向右的流转，就是需求状态的流转。

看板管理						
筹备中	待排期	待开发	开发中	测试中	待上线	已完成
需求卡片	需求卡片	需求卡片	需求卡片	需求卡片	需求卡片	需求卡片
	需求卡片	需求卡片	需求卡片	需求卡片	需求卡片	需求卡片
		需求卡片	需求卡片	需求卡片	需求卡片	
			需求卡片	需求卡片	需求卡片	
			需求卡片			

图 7-7　看板管理

在使用看板管理时，产品经理需要注意：需求完成某一个状态以后，才会流转到下一个状态。看板中的每一条"泳道"都可以看作高速公路收费站，每一张需求卡片都是等待通过收费站的汽车。如果收费站排满了汽车，就说明这里的收费站出现了拥堵。也就是说，如果产品经理看见某一个"泳道"堆积了很多需求卡片，就说明这一状态下的需求出现了拥堵。

比如，产品经理发现"开发中"状态下堆积了很多需求，这就说明很多需求都积压在开发状态。这时，产品经理就要采取措施，不能让"待开发"状态下的需求进入"开发中"状态。然后，产品经理要调查一下，开发资源和测试资源出现了什么问题，需要找到解决方案。

因此，产品经理使用看板管理能够快速地了解到项目和需求的进度，并做出决策。

2. 需求卡片

需求卡片是需求在看板中的载体，也是最重要的组成元素，需求卡片可以记载需求的所有信息，包括以下信息。

- 需求名称。

- 需求的相关人：需求人、负责人、产品经理、研发工程师。

- 需求类型：需求涉及哪些系统、哪些部门等。

- 需求完成时间。

- 需求描述：可以附上产品需求文档。

- 需求优先级。

在开发需求的过程中，需求的相关人不用再去寻找邮件或翻看电脑保存的文档。每个人都可以通过看板看到每个需求的实时状态，可以拖动卡片来提前预知自己的工作量。比如，测试工程师可以通过看板大概预测有多少卡片在待测试状态，从而预估自己的工作量。

当然，看板和卡片可以以多种形式展现。比如，用真实的板子和纸片进行管理，也可以采用电子化的形式进行管理。

如今，有很多电子工具可以实现在线的看板管理，比如 Trello、Teambition 等工具。这些电子工具的使用方法基本相同，非常容易上手。在使用这些工具时，产品经理需要关注标签功能，标签功能就像办公文具中的条状彩色便利贴一样，可以对不同的卡片进行分类。

电子看板都有搜索和筛选的功能。在实际的应用中，产品经理可以将不同的"部门""系统"作为标签打在卡片上，这样就可以对卡片进行筛选。告诉大家一个小技巧：可以将同一类的标签赋予同一种颜色，便于管理。

总之，无论看板采用什么形式，产品经理都要灵活应用背后的需求管理方法。

敏捷是否比瀑布式开发先进？

高标：回川，我感觉很多公司都在实践敏捷，好像敏捷比瀑布式开发先进。

回川：敏捷和瀑布式开发都是经过实践证实的有效方法，不存在孰优孰劣的问题，我们要从源头来思考敏捷和瀑布式开发。这两种理论诞生的背景是软件行业蓬勃发展，很多软件公司给客户做定制的软件开发，他们一直使用的是瀑布式开发方法，在很长的研发周期之后，交付给客户一个软件产品，这就导致软件的失败率很

> 高。因此，软件行业开始探索敏捷的方式，与客户一起进行研发并进行验证。敏捷适用于需求价值和范围并不十分明确的项目，需要逐步进行探索，而瀑布式开发适用于需求价值和范围非常明确的项目。因此，不用特别纠结于使用什么样的方法，而是要找到适合自己的项目管理方法。
>
> 高标：好的。我明白了。

总结：研发产品

- **在这个活动中，产品经理需要做什么？**

产品经理要根据产品需求文档、交互设计方案、UI 设计方案及排期计划，协助研发、测试等工作。

- **做活动之前要准备什么？**

第一，站点地图。

第二，产品需求文档。

第三，产品原型。

第四，产品交互设计方案。

第五，产品 UI 设计方案。

第六，需求排期计划。

- **有哪些工具或方法？**

第一，项目管理。项目管理是产品经理的必备技能，特别是在研发产品时，产品经理要与研发、测试工程师密切地配合，能够按时、保质保量地完成工作。

第二，技术知识。产品经理要了解并掌握技术知识，这已经成为行业的趋势了。产品经理了解技术知识，能够有效地提升与研发工程师的沟通效率和质量。

- **在活动结束以后得到了什么？**

待上线的产品。

- **产品经理还要关注什么？**

产品经理如何与程序员沟通是一个很经典的话题。产品经理除了要具备基本的沟通技能，还要能明确提出需求。编程本身就是逻辑明确的活动，因此产品经理提出的需求要具有逻辑性和完备性。比如，产品经理说："我要一个苹果。"接着，产品经理要说清楚苹果的颜色、品种、口味。在工作中，产品经理要关注业务逻辑、数据、状态等信息，将需求描述得更加精确，这样既能体现产品经理的专业性，又能提升沟通和开发的效率。

7.2　研发阶段要做的事

产品经理在 B 端产品管理框架中的规划、设计阶段，已经输出了站点地图、产品需求文档、产品原型、产品设计方案和需求排期计划等。研发工程师拿到这些输出物之后，并不会立刻上手编写程序，而是要经过一些分析和设计的过程。在前面的内容中，我们已经了解到研发工程师和产品经理会从不同的视角看产品。因此，我们在这里简单地从技术视角看看研发工程师在做什么。我会介绍一些核心的知识，帮助产品经理快速地理解研发的关键步骤。这样，产品经理就能够在技术评审中理解技术人员在做什么了。

7.2.1　面向对象：搭建技术知识的钥匙

如果产品经理非常想了解技术知识的话，那么理解和了解面向对象的（Object Oriented）知识是非常重要的，因为研发工程师的知识体系大部分是以面向对象为基础的。

面向对象是研发人员解释现实世界的一种方法，提到面向对象，最基础的概念就是对象和类。在分析需求时，我们已经了解过。在面向对象的开发过程中，对象是研发工程师想在程序中建模的事物或想法，它可以是任何东西，比如动物、汽车、账单等，而类是一系列实物的总结和归纳。比如，世界上有鹦鹉、老鹰、麻雀，我们可以将它们理解为对象，同时我们可以将它们统称为鸟，这就是类。

接下来，我们来描述一下鸟是什么？你的答案可能是鸟有羽毛、鸟有颜色、鸟会叫、鸟有翅膀、鸟会飞……研发工程师用类图来描述以上信息，类图的上半部分表示这个事物是什么，即包含的属性；下半部分表示的是这个事物能做什么，一般表示函数和接口。

当然，在思考类图时，产品经理还要考虑继承、多态、封装等特性和类之间的关系。这些都是关于类的基础概念，虽然不知道这些概念也不影响理解后续的内容，但是还请读者自行查询一下，这些都是很好理解的概念。

研发工程师把类分为两种：领域类和实现类。领域类基于对产品需求的思考，如图 7-8 所示，它更多地体现了思考的过程。实现类则和程序员编写相关，类的名称、字段、方法会应用到程序中，如图 7-9 所示。因此，我们也可以认为，对类和对象的思考是程序员从产品视角向技术视角的转变，如图 7-10 所示。

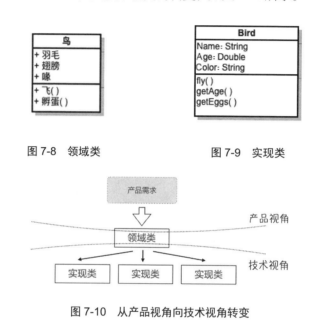

图 7-8　领域类　　　　　　　　图 7-9　实现类

图 7-10　从产品视角向技术视角转变

7.2.2　软件架构：构建代码的蓝图

在面向对象的开发过程中，程序员已经从领域类转向实现类进行思考了。换句话说，研发工程师是基于实现类来思考如何编程的。此时，程序员就要开始思考软件架构了。

关于架构，我们在前面的内容中已经提到过很多次了，研发阶段的架构是经过实践验证的有效的解决方案。提到软件架构，我们一般会思考两个概念：架构风格（Architectural Style）和架构模式（Architectural Pattern）。

架构风格可以通俗地和建筑风格进行类比，比如巴洛克、哥特等建筑风格。架构风格是一种组织代码的形式，它定义了组织代码的约束、规则、关系和特征等，架构模式是用来解决具体问题的方案。还以建筑为例，架构模式类似于歌剧院、教堂等建筑，它可以应用在特定的使用场景。如果结合架构风格来看架构模式的话，那么可以有巴洛克式风格的教堂，也可以有哥特式风格的教堂。因此，我们也可以把架构模式看作架构风格的具体应用。

从软件架构的角度来看，架构风格和架构模式包含了很多我们熟悉的概念。

- ♫ 架构风格：包括常见的 C/S（客户端/服务端）、SOA、微服务等。

- ♫ 架构模式：包括 MVC（Model View Controller）、三层结构、黑板模式等。架构模式也可以进一步地细化为设计模式（Design Pattern），即解决具体写代码过程中的所遇问题的通用方案。

在实际的开发过程中，研发工程师一般会根据技术、开发环境、客户需求来选用一种架构风格，并采用多种架构模式去实现。当然，研发工程师思考软件架构，就像是在一张草图上逐渐细化方案一样。还有一种更快捷的方式是利用软件框架（Software Framework），软件框架更像是模板，前人已经将解决方案固化下来，后人只要套用或在其基础上开发就可以了。

无论选择哪种架构风格，研发工程师都会选择分层、MVC 等作为架构模式。以分层模式为例，研发工程师一般会把类或组件分为三层，即表示层、业务逻辑层、数据层。换句话说，每一层都包含对应的类和组件（可以理解为实现某一功能的类的集合），以实现相应的功能。比如，表示层用来实现界面交互，业务逻辑层用来实现业务逻辑，数据层用来处理消息和数据等。有时，研发工程师会用时序图进一步分析不同对象和类之间的交互，如图 7-11 所示。也可以说，时序图是程序员所写代码的图形化表示。

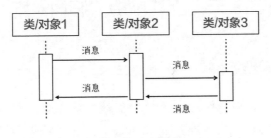

图 7-11　时序图

软件架构分析最直接的输出物就是研发工程师在编程软件上的文件夹结构。每个文件夹都包含不同的代码，用来表示接口、函数、类等内容。

当然，研发工程师分析、设计和实现软件架构的过程中，还包括数据库设计、部署设计等相关内容。这里就不进行详细介绍了。

> 了解这些研发细节的目的是什么？
>
> 高标：回川，虽然我看懂了这些内容，但是我不会写代码，这对我有什么帮助呢？
>
> 回川：在前面的内容中，我们聊到了产品经理是否需要懂技术。接下来我们再详细说明一下。说到这个问题，我们的第一反应可能是产品经理会不会 Java、Python 之类的语言，或者能不能看懂代码。实际上，产品经理更应该知道软件是怎样被研发出来的。就像学建房子一样，不一定立刻就要学习砌墙，而是可以先从设计图的角度来思考房子是怎么搭建起来的。就像文中提到的架构和面向对象的知识一样，产品经理理解了这些知识和概念，有助于思考自己的方案，便于与技术人员沟通。因此，不懂技术没关系，产品经理一定要弄懂技术人员的思考过程，这样才能更加明白技术与产品之间的关系。最后，推荐你找一些专门面向对象开发过程的书籍看一下，如《深入浅出面向对象分析和设计》。通过阅读这些书籍，你可以了解到一个标准化的研发流程，在此基础上更好地理解工程师在实际研发工作中的内容。当然，我们也要理解标准和实际的区别。比如，技术架构的思考一般在重构或从零搭建产品时才会涉及。
>
> 高标：好的，我明白了。

7.3 发布产品：产品上线前的"临门一脚"

7.3.1 制订产品上线计划

在管理需求的活动中，我们已经得到了需求排期计划。产品经理按照需求排期计划，在研发阶段得到了待上线的产品。在 B 端产品领域，将待上线的产品发布上线时会有两种场景：一种场景是面向企业内部产品的功能发布，另一种是面向市场客户实施上线产品。待上线的产品就像准备开箱的手机一样，要经过用户一系列的调试以后才能变成日常使用的工具。此时，产品经理需要与研发团队制订出周密的计划，协调各部门的人力和资源成功发布产品。

产品经理在制订产品上线计划之前，要确认以下信息。

♪ 产品是否具备待上线条件。比如，是否有测试报告？是否得到使用方的验收？此时，产品经理需要与技术团队进行密切的沟通。

♪ 产品的操作培训是否已经完成。B 端产品的上线会直接影响实际的业务操作。产品经理首先要确认是否已经完成了操作培训、是否已经有了使用说明文档、是否有问题解答和客户支持团队等。

♪ 产品上线的时间是否合适。产品上线的时间点是否会影响其他业务操作？是否需要配合整体的运营计划？这些都需要产品经理与各方面的负责人进行沟通。

当然，在产品上线以前，产品经理不仅需要确认以上信息，还需要从以前的产品上线活动中吸取经验和教训，从而降低上线的风险。这也是前面提到的 PDCA 循环中标准化的体现。

之后，产品经理就要开始制订产品上线计划了。上线本身就可以看作项目，上线计划与项目管理中的项目计划类似，以 5W1H 的方式展现，产品经理制订上线计划时需要关注以下信息。

♪ 布置上线环境。发布产品就像开飞机一样，必须具备合适的气象条件。同样，产品经理要关注发布代码时要做哪些发布代码的环境配置，要穷举每一项并分配责任人。

♪ 配置工作。再以飞机为例，在飞机在起飞前检察人员要打开发动机检查仪器以保证飞机正常进入待起飞状态。同样，产品经理也要列出所有的配置项并且分配给责任人，以便检查和验收。

♪ 制订线上测试计划。产品发布上线以后，产品经理要在线上测试业务是否能够正常运营。产品经理要与测试工程师商定好测试方法和范围，提前准备好测试需要的物料。

♪ 紧急应对计划。产品上线存在着失败的风险，产品经理要与研发工程师、测试工程师制订好上线失败的处理措施和应急预案，做到万无一失。

当然，最重要的是产品经理要与技术团队密切合作。

7.3.2 向市场发布产品

针对面向市场的 B 端产品，产品经理要与市场、销售团队密切合作，向市场推广和营销自己的 B 端产品，产品经理可以与市场、销售团队围绕以下几个方面进行协作和沟通。

♫ 是否已经明确了产品的目标客户、产品优势和卖单等？

♫ 产品信息是否已经完备？比如，产品名称、产品功能描述、产品文档等。

♫ 产品是否具备发布条件？比如，产品已经完成研发测试、产品能够支持试用、产品可以支持购买、产品已有最佳实践案例等。

♫ 产品是否在法律、商业上存在风险？

♫ 产品发布的宣传渠道、公关文稿、宣传材料、官网信息是否完成？

♫ 定价策略是否完成？包括价格信息、折扣等。

♫ 销售策略是否完成？包括渠道分类、渠道管理等。

♫ 是否有发布会计划？包括时间、场地、出席人员、活动流程等。

同时，产品经理要为市场、销售团队、客户等准备介绍产品的资料，让他们快速地了解自己的产品。在这里为大家介绍一个《用图秀演讲》中的演讲框架——营销推广模型，这是一个简单实用的模板，产品经理在日常的方案评审中也可以使用。

使用营销推广模型的核心思路是描述一个重要的问题，并让大家认同，然后介绍产品给出的解决方案。

营销推广模型具体分为七部分内容，本书将结合 B 端产品的特点进行补充和引申。

♫ 背景介绍：介绍所发布产品的背景信息，比如时间、地点、人物、事件等，便于大家了解背景知识，减少认知负担。

♫ 描述阻碍：描述用户可能遇到的问题，并让大家认同该问题确实会给自己带来不便。

♫ 点燃希望：向大家说明这个问题有解决方案，引起大家的期待和注意。产品经理可以介绍这个问题的解决方案及概念，或者同行业对这个问题的解决思路。

♫　震撼登场：抛出问题的解决方案，即发布的产品是什么。

♫　展现价值：描述这样的解决方案和产品会给用户带来怎样的价值和收益，可以配数字，会更有说服力。

♫　精雕细琢：介绍产品重要的细节、工作原理。

♫　给出诱惑：给大家送一些福利，吸引大家体验产品。这里可以根据实际情况来选择使用。

其中，"震撼登场""展现价值""精雕细琢"，可以按照实际场景，调整顺序。比如，在手机发布会上一般会向用户"展现价值"，再"精雕细琢"地展示细节，最后再"震撼登场"似的展示手机的"庐山真面目"。

总之，在发布产品阶段，产品经理要与销售、市场、技术团队密切配合。

总结：发布产品

- **在这个活动中，产品经理需要做什么？**

产品经理要与市场、销售等团队共同协作，保证产品成功上线，并采用合适的形式向市场发布产品。

- **做活动之前要准备什么？**

第一，待上线的产品。

第二，需求排期计划。

第三，产品路线图。

- **有哪些工具或方法？**

第一，项目管理。项目管理是产品经理的必备技能，根据产品发布方案，产品经理以项目管理的方式落地执行。

第二，演讲技能。产品经理除了要有过硬的基础技能，还要有好的表达能力，能说动用户使用产品。因此，产品经理需要注重培养自己的演讲技能。当然，再生动的语言也比不上优秀的产品吸引人。

第三，市场营销知识。产品经理需要懂得一些市场营销的知识，这样才能和市场、销售团队更好地合作。

- **在活动结束以后得到了什么？**

已发布的产品。

- 产品经理还要关注什么？

产品经理需要在战略层和范围层的时候就开始考虑发布产品的规划，并且与公司的市场、销售等团队密切配合。如果发布的 B 端产品用于公司内部的运营和管理，产品经理就要按照产品上线计划，推动产品上线并及时发布上线邮件通知使用者。

第 8 章

监控阶段：让产品不断生长

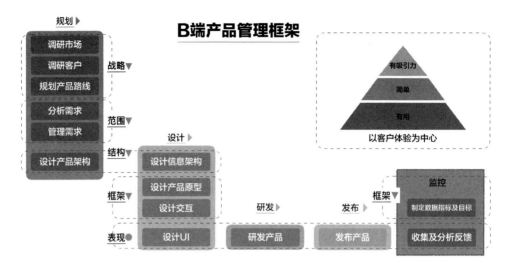

你如果无法度量它，就无法管理它！ ——彼得·德鲁克

发布完 B 端产品之后，将进入监控阶段。在监控阶段，产品经理要制定关键指标、收集并分析反馈信息，这些活动分布在框架层和表现层。产品经理还要使用数据来监控产品上线以后的效果，并收集用户的反馈意见，为开启新的 B 端产品管理框架做准备。

8.1 制定数据指标及目标：产品演进的航标

产品经理在经历了规划阶段、设计阶段、研发阶段、发布阶段以后，最终得到了上线发布后的产品。然而，产品经理的脚步并没有停止，而是要为产品的进一步发展做准备。因此，产品经理需要进入监控阶段开展工作。监控阶段工作包括监控产品上线以后的预期效果，收集并分析用户反馈的信息，形成新的需求。

8.1.1 数据指标的黑箱和二律背反

被研发出来的 B 端产品对大部分人来说是黑箱，因为我们可能并不知道事物真正运行的原理是什么，只能看到输入和输出。比如，对一个电商网站来说，输入是用户进入网站进行浏览，输出是订单。那么，用户在浏览网页时的行为和做出的决策就是黑箱，我们无法深入用户的大脑去探查。其实，黑箱的概念是我们在解析需求的数据流程图中提到的"输入输出"模型。

产品经理在监控阶段使用数据指标来监控系统的运行状态，就像使用仪表盘监控汽车的状态一样，速度、耗油量等数据指标能随时反馈出汽车的状态。可想而知，没有仪表盘的汽车随时都有失控的危险，因此能有的数据指标尽量都要有。比如，B 端产品的数据指标包括出现问题的次数、加载时间，以及与业务相关的数据指标。

另外，产品经理还要关注数据指标之间的相关性，在这里要为大家介绍一个抽象但又很简单的概念——二律背反。二律背反出自希腊文 ANTINOMI，指规律中的矛盾，即在相互联系的两种力量的运动规律之间存在的相互排斥现象。简单来说就是，两种事物此消彼长、此长彼消、相背相反。

举一个生活中的例子。假设电梯坏了，我们要提四个暖水瓶上四楼。如果我们一次提两个暖水瓶上楼，那么虽然省力但是要多爬几次楼梯。如果一次提四个暖水瓶上楼，那么虽然爬楼梯的次数少了，但是会费力一些。我们能看出两个指标——爬楼次数与提暖水瓶的个数，就是此消彼长的关系。特别是在一个系统中，有些指标之间存在着二律背反的现象。因此，产品经理需要找到这些指标，然后进行指标配对[1]。

指标配对能防止过度监控或防止提升一个指标而带来副作用，产品经理需要另一个指标来辅助分析和监控，从而权衡出好的方法来解决问题。

总之，就像管理大师彼得·德鲁克所说的一样：你如果无法度量它，就无法管理它。数据指标就是管理量化的表现。

8.1.2　关键成功因素法：制定数据目标的方法

产品经理除了要通过数据指标监控系统的运行状态，还要制定数据目标来进行管理。比如，运动员为了有更好的成绩，会设立更高的目标，然后通过练习取得进步。

在这里为大家介绍一个制定目标的经典方法——关键成功因素法（Critical Success Factors）。关键成功因素是指确保个人、部门和组织在竞争中能够取得成功的

[1] 指标配对的概念出自《格鲁夫给经理人的第一课》。

关键因素。举一个简单的例子，如果想健康长寿，那么关键成功因素就包括经常锻炼、平衡饮食、心情愉悦等。关键成功因素一定是最核心并起到实质作用的因素。

使用关键成功因素制定目标的思路，其实很容易理解，我们结合图 8-1 中的例子来进行解释。

- ♪ 定位长期目标（Objective）。比如，组织或团队的长期目标是节省成本。
- ♪ 为了实现长期目标，需要制定对应的短期目标（Goal）。比如，在长期目标的基础上拆解出短期内要完成的目标——减少包装成本。
- ♪ 找到实现短期目标的关键成功因素（CSF）。比如，我们要实现减少包装成本的短期目标，可以做的工作是系统推荐使用包装盒形状等。
- ♪ 确定关键成功因素实施的测量方法（Measures）。确定了实现目标要做的事情以后，还需要一个标准来测量是否实施到位。比如，使用推荐准确率达到 90% 的指标来监测。

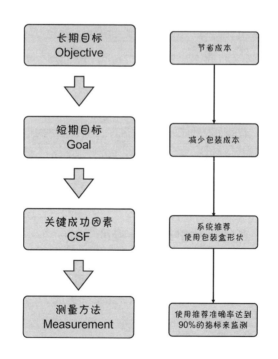

图 8-1　关键成功因素制定目标

产品经理在制定数据目标时，可以参考 SMART 原则。

　　♪　数据目标要具体（Specific）。

　　♪　数据目标可以衡量（Measurable）。

　　♪　数据目标必须可以实现（Attainable）。

　　♪　数据目标之间要有相关性（Relevant）。

　　♪　数据目标要有时间限制（Time-bound）。

　　另外，产品经理在探索关键成功因素时，可以参考被证明有效的模型和方法，总结出关键成功因素及对应的检测指标。比如，C 端产品经常使用的 AARRR 模型，如图 8-2 所示。

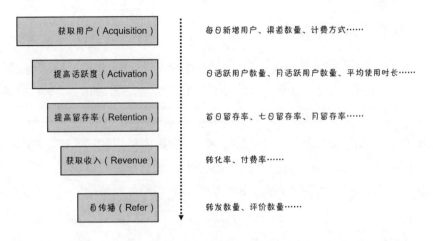

图 8-2　AAARR 模型

　　产品经理依据关键成功因素的分析思路，最终输出 OGSM 表[①]，如图 8-3 所示，这是一种管理表格。OGSM 是 Objective（长期目标）、Goal（短期目标）、Strategy（策略）、Measurement（测量方法）的缩写。其中，Strategy（策略）等同于关键成功因素，而行动方案与规划阶段做的产品发展路线图（Roadmap）的内容相同。可以说，OGSM 表是产品发展路线图的另一种表现形式。

---

① OGSM 表的使用方法可以参考《一页纸商业计划》。艾克、林豪思：《一页纸商业计划》，中国财政经济出版社 2016 年版。

长期目标（Objective）：节省成本			
短期目标（Goal）	策略（Strategy）/关键成功因素（CSF）	测量方法（Measurement）	行动方案
减少包装成本	系统推荐使用包装盒形状	使用推荐准确率达到90%的指标来监测	Q1完成功能开发

图 8-3　OGSM 表

总之，产品经理可以使用关键成功因素法来输出 OGSM 表，以此监控 B 端产品上线之后的状况。

8.1.3　B 端产品的指标体系

B 端产品经理不能简单地拿 C 端产品的数据指标来监控 B 端产品，因此要建立一套属于自己的指标体系。B 端产品作为一个非常独特的产品领域，有面向市场的，也有面向企业内部的，那么 B 端产品经理应该选择哪些指标进行监控呢？

B 端产品的指标体系由两部分组成：市场指标体系和客户成功指标体系，如图 8-4 所示。市场指标体系是指面向市场获取 B 端客户并获得收益的指标，而客户成功指标体系是针对已经留存的 B 端客户的，监控如何帮助他们更好地使用产品的指标。

市场指标体系　　　　　客户成功指标体系

图 8-4　B 端产品的指标体系

简单来说，这两个指标分别代表了"如何得到更多的客户"和"如何让客户用得更好、时间更长"。面向市场的 B 端产品，如 SaaS 类的产品，会涉及市场指标体系和客户成功指标体系；而面向企业内部的 B 端产品，一般只会涉及客户成功指标体系。

B 端产品的市场指标体系一般包括以下内容。

♪ 月度经常性收入（Monthly Recurring Revenue，MRR），即 B 端产品每个月带来的收入。这是一个比较核心的指标，它能反映产品及业务的运营状况。比如，某个 SaaS 业务在 1 月份带来了 50 万元的收入，那么根据这个指标就可以进一步地分析，是新客户还是老客户带来的收入，对比其他月份是增长还是下降了。当然，年度经常性收入（Annual Recurring Revenue，ARR）也是一个常用的指标。

♪ 客户获取成本（Customer Acquisition Cost，CAC），即 B 端产品获取新客户所花费的成本。根据这个指标，产品经理可以知道为获取这个客户而花费的成本，然后要结合 MRR 的指标来分析，如何快速通过这个客户收回成本，最终获得盈利。

♪ 生命周期价值（Life Time Value，LTV），即一个客户从开始使用产品到最后放弃产品所贡献的价值。在前面的章节中，我们提到过客户生命周期是一个非常重要的概念。只要一个 B 端产品能被客户一直使用，那么这个客户就可以带来持续的价值。因此，LTV 也可以预测一个客户在"有生之年"可以贡献多少价值。

B 端产品经理如何学习市场指标体系？

高标：市场指标体系好像有很多，我应该怎么学习呢？

回川：我们只是列出了比较典型的指标：MRR、CAC、LTV，除此之外还有很多其他的指标。比如，转化率（Conversion rate）、客户留存率（Customer Retention），它们与 B 端的 SaaS 类产品的销售、运营紧密相关。因此，这些指标也是 SaaS 营销的指标体系。你可以参考 *Blueprints for a SaaS Sales Organization*，国内译作《硅谷蓝图》，它详细地介绍了这些指标体系。在学习和使用这些指标时，你除了要和营销人员沟通、协作，还要注意理解这些指标并不是孤立存在的。指标与指标的结合，会形成新的指标。比如，CAC 和 LTV 就是经常被放在一起进行比较的指标。如果 LTV 大于 CAC，就说明收入大于成本，这是一个盈利的业务。如果 LTV 小于 CAC，就是一个亏本的业务。因此，LTV 与 CAC 的比值也是一个衡量业务好坏的指标。

> 高标：好的，我明白了。

B 端产品的客户成功指标体系一般包括以下内容。

- ♪ 客户流失率（Churn），产品经理要关注不再签约或使用产品的客户数量。客户是 B 端产品的基础，产品经理要将流失的客户数量降到最低。这个指标和市场指标体系联系很紧密。

- ♪ 净推荐值（Net Promoter Score，NPS），用来计量客户向其他人推荐产品的指数。NPS 的基本原理是通过调研的方法，用分数来评估客户推荐产品的意愿程度。目前，NPS 已经发展成衡量产品是否成功的重要指标和调研方法。

- ♪ 文档评级，B 端产品的帮助文档，可以有效地帮助客户更好地使用产品。文档评级可以帮助产品经理直观地看到文档是否能满足客户的需要，也能为产品经理进一步发现文档背后的问题找到方向。比如，文档评分低是不是因为功能复杂或没有满足客户的需求。

- ♪ 用户行为，它可以是用户每日、每月使用产品的活跃度，即我们熟悉的访问量（Page View，PV）、独立访客（Unique Visitor，UV）。它也可以是用户在某个页面的停留时间，或者用户是否使用了某项功能，能反映出客户是否在使用产品。

- ♪ 质量（Quality），包括研发的需求是否有遗漏、研发的需求范围是否扩大、产品上线以后出现的质量问题，这些质量问题的记录也可以作为产品的监控指标。

- ♪ 投资回报率（Return on Investmen，ROI），ROI 本身是一个关于财务的数据指标，我们把它应用到产品设计和研发领域有一定的难度，更多的是为了通过它来关注产品预期收益与投入研发成本的关系。因此，ROI 有时并不是一个绝对的数值，而是一个比较值。如果投入 5 人到 A 项目的收益是 10 万元，而投入 10 人到 B 项目的收益是 2 万元，那么两者的比较就能够引起团队成员对 B 项目的关注，从而进行分析和调整。

以上就是 B 端产品的市场指标体系和客户成功指标体系，产品经理要根据选定的指标制定出数据。

在前面的内容中，我们已经了解了使用 OGSM 表的方法。接下来，为大家介绍一个由增长黑客理论衍化而来的方法。

我们在规划产品路线中提到过北极星指标，它是增长黑客理论的一部分。使用北极星指标可以辅助我们更好地使用关键成功因素法，因为它们的内在逻辑基本一致。

北极星指标是指为产品制定的能体现核心关键的指标，产品经理要对这个指标持续地投入资源，来让产品达到相应的收益和价值，北极星指标的确立能够让产品经理及相关团队更加专注。北极星指标不仅是一个指标，还是一套框架，如图 8-5 所示。

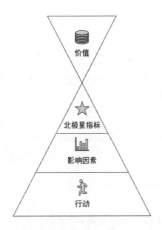

图 8-5　北极星指标框架

其中，价值代表北极星指标能够实现的价值。影响因素代表对北极星指标产生影响的指标，比如仓储管理系统以提升库存周转率为北极星指标，那么它的影响因素就可以是提升销售额、减少滞销品库存。行动代表为了实现北极星指标而付出的行动或投入的资源。

在规划产品路线中，我们提到北极星指标可以协助产品经理思考产品愿景和规划。以 A 公司的产品路线图为例，我们用北极星指标来进行梳理。

- 价值：帮助其成为市场第一的物流系统。
- 北极星指标：在 2020 年第 1、第 2 季度实现月度经常性收入（MRR）50 万元的目标。
- 影响因素：为了实现北极星指标，产品经理还需要找到其他指标来辅助分析和指导北极星指标。比如，对月度经常性收入进行细分，收入可以来自新增客户的收入，也可以来自已有客户的收入。因此，影响因素可以拆分为来自新增客户的月度收入 30 万元，来自已有客户的月度收入 20 万元。

♪ 行动：产品经理需要研发 WMS 产品，并快速地在客户的公司部署，实现图形化展示库存分析和手持设配操作。

因此，将北极星指标和产品路线图联系起来，有助于产品经理明确方向，不容易在执行的过程中丧失目标。

8.1.4　确定数据跟踪计划

制定好指标之后，产品经理接下来就要让这些指标都能够得到监控。因此，产品经理需要根据计划来定义具体想看到指标中的哪些数据，然后交给研发工程师去落地实现。

我们在前面的章节中提到过行为产生数据。客户的各种行为和操作，会形成各种各样的数据，对这些数据的监控，成了我们想要跟踪的指标。在这里，产品经理会利用到数据跟踪计划，如图 8-6 所示。

――产品数据跟踪计划

事件名称	关联指标	事件定义	触发条件	属性名称	属性定义	属性样例	状态	优先级	备注
PageView	MRR、ARR	拥有XX产品账户的用户浏览产品页面	用户浏览产品页面	PageName	页面名称	Page1	已使用	高	
				ID	用户账户名称	zhangsan	待开发	高	

图 8-6　数据跟踪计划

产品经理在输出数据跟踪计划时，需要关注以下细节。

♪ 事件是指客户的行为，我们在数据跟踪计划中为它起一个名称。事件的梳理来自之前的需求梳理和产品方案设计。而事件定义和触发条件都是进一步说明客户行为是什么，以及如何产生的。关联指标是为了指出这些行为和哪些监控指标相关。

♪ 属性是指通过事件能够获取的数据。比如，表格中浏览产品页面的行为，产品经理希望获取的数据有页面名称、用户账户名称。在添加这些数据时，产品经理要思考这是为了解决什么问题。如果弄不清楚，那么产品经理就要求助市场、销售等团队。

♪　数据跟踪计划可以作为一个需要执行文档。状态是用来记录当前属性是否已经可以使用、是否还未开发的，而优先级可以指出研发的方向和重点。在推进数据跟踪计划时，产品经理也要和研发人员进行充分的沟通。

产品经理通过使用 OGSM 表、北极星指标、数据跟踪计划，最终可以获得产品的数据指标及目标。

总结：制定数据指标及目标

- 在这个活动中，产品经理需要做什么？

产品经理要制定出监测产品状态的数据指标，持续对产品进行优化。

- 做活动之前要准备什么？

第一，产品路线图。

第二，竞品分析报告。

第三，市场需求文档。

第四，产品需求文档。

- 有哪些工具或方法？

第一，关键成功因素法。

第二，会议。产品经理可以和相关人员一起针对数据指标和目标进行讨论。

第三，北极星指标。

- 在活动结束以后得到了什么？

第一，OGSM 表。OGSM 表是产品发展路线图的另一种表现形式，产品经理可以用它来监控产品的状态。

第二，北极星指标，它可以帮助产品经理明确方向。

第三，数据跟踪计划。

- 产品经理还要关注什么？

在监控阶段，产品经理不一定要在产品发布上线以后制定数据指标及目标。产品经理在规划阶段规划产品路线、分析需求时，也要同步思考监控阶段的内容。

8.2　收集并分析反馈信息：整装待发

产品经理要收集数据及用户反馈，并分析本次产品发布成功和失败的地方，听取建议以后，重新整理为新的产品创意，为启动新的 B 端产品管理流程做准备。

8.2.1　使用 SQL：快速导出原始数据

在制定数据指标及目标的活动中，产品经理已经得到了 OGSM 表、北极星指标和数据收集方案。接下来，产品经理要做的就是进行数据分析。产品经理收集数据时可以使用BI等数据分析工具，也可以使用Excel等办公软件。无论使用哪种工具，产品经理都要获取原始数据，并在此基础上进行加工。除此之外，产品经理还需要学习使用 SQL 收集数据，因为 SQL 是入门级的编程语言。

SQL 是 Structured Query Language（结构化查询语言）的缩写。从产品经理的角度来看，SQL 是查数据和做报表的工具，在工作中，它的使用频率非常高。说它是入门级的，是因为它完全是按照英语语法来书写代码的，是初中语法中最简单的部分；而且产品经理只要学习一点 SQL 知识或几个英语单词，就可以快速在工作中使用。除此之外，学习 SQL 知识有助于产品经理理解数据分析的思路。

1. 产品经理要学会的基础知识

下面为大家介绍一些有关 SQL 的基础知识。

- ♫ 数据库。产品经理只需要用科普的心态来理解数据库是什么、有哪些具体应用即可。其实，数据库无处不在，比如在线购买火车票就是从数据库中获取车次信息，便于用户查询、购买车票。
- ♫ 表和字段可以理解为 Excel 的工作簿，由行和列组成。我们可以根据不同的目的，建立不同的表来存储数据，我们分析的数据都是来自数据库中的每一张表中的每一行的数据的。
- ♫ Select。SQL 中最基本的语句是 "Select+列名称+from+表名称"。Select 是 SQL 中基本的语句，英文含义与 SQL 中的作用是一样的，相当于用一个勺子从数据库中盛出想要的数据。

- Where，它是筛选数据的条件。我们在分析数据的时候，需要根据时间、地点、数值筛选出我们想要的数据。因此，Select 相当于勺子，而 Where 相当于往勺子上打眼儿，将想要的数据捞出来，漏掉那些不想要的数据。

- Order，它对筛选出来的数据进行升序或降序排列。比如，对筛选出来的数据从大到小地进行展示。

- Group By，它是对数据进行分组的。比如，可以按照商品类型对电商类数据进行分组，也可以按照品牌对电商类数据进行分组。这里可能会遇到一个难点：Group By 可能会和 COUNT 函数一起来计算某种类型的单量。

- Distinct，它对数据进行去重，删掉重复出现的数据。这也是一个重点，我们要将它与 Group By 进行区分。

- 函数。函数的作用可以理解为 Excel 中的函数，而且比 Excel 还要简单。函数包括求和（SUM）、求平均值（AVERAGE）、求行数（COUNT）等。

- Join，它用来连接不同的数据表。我们分析的数据都是根据不同的目的存储在不同的表中的。因此，在分析数据时，我们要根据不同表中的相同字段，将想要的数据连接起来。

以上内容就是关于 SQL 的基础知识，产品经理可以将其应用在工作中的大部分场景。

2. 学习 SQL 的方法

产品经理可以问一下公司的程序员，是否有测试的数据库，请他们指点一下，安装一些 SQL 软件。

当然，产品经理也可以找一些 SQL 的学习资料，如《SQL 基础教程》。这本书的内容非常基础且实用，描绘了很多使用场景，适合零基础的人阅读。再给大家推荐一个学习编程的网站——W3school，产品经理可以把它当成使用 SQL 的工具字典。

当然，最重要的是产品经理要找一名程序员当老师，随时实践、随时请教问题。

如何学习数据分析？

高标：回川，产品经理如何才能更好地分析产品数据呢？

回川：其实，有很多数据分析的工具可以帮助产品经理分析产品数据。无论使用什么样的工具，产品经理分析数据的基础知识都是统计学。除了学习统计学的基础知识，产品经理还要有不过分迷信数据的信念，因为一份数据可能会从不同角度被解读。

回川：拿到一份数据以后，产品经理可以从以下角度进行分析。一是这个数据是否有误差，如果有误差，那么是哪些因素造成的。二是这个数据是否是异常数据，不能独立来看，要进行对比。三是数据是否与其他数据有关联，别的数据变化导致了数据的变化。无论从哪个角度分析数据，产品经理都希望从数据中获得启发，从而进一步优化产品。

高标：好的，我明白了。

8.2.2　产品回顾会

产品经理除了收集数据类的理性反馈，还要收集用户的感性反馈。在收集用户反馈时，产品经理可以使用规划阶段中调研用户的方法，也可以组织用户和产品研发团队一起开产品回顾会，总结本次产品发布的经验和教训，为下一次的产品管理流程做准备。

在《敏捷回顾：团队从优秀到卓越之道》中，作者针对开回顾检视会提供了一系列的方法。在此，我们结合 B 端产品的特点，总结一下开产品回顾会的方法。

产品回顾会可以持续 1~2 小时，时间不要过长。因为大家的时间和精力都是有限的，没有人喜欢开时间过长的会议。产品回顾会召开的地点最好是会议室，让每个参会人员都远离邮件和电话的骚扰。同时，产品经理可以学习"六顶思考帽""罗伯特议事规则"等方法来主持会议。除了准备以上内容，产品经理还可以按照以下步骤推动产品回顾会的开展。

> ♫　制定会议章程。产品经理在召开产品回顾会以前，要发送会议邀请的邮件。在邮件中，产品经理要明确会议章程，包括开会目标、会议议题、时间、地点、会议流程、参会人员、准备资料等。产品经理要保障会议

邀请的内容简单明了，并保障重要的参会人员能够出席。会议开始以后，产品经理也要重申会议章程的内容，让参会人员明确会议目的。

♫ 陈述事实。会议开始以后，产品经理、用户和研发者分别陈述与产品相关的实际情况，比如产品上线对业务运营数据的影响，或者产品出现了哪些问题。产品经理作为会议的主持人，除了记录会议内容，还要控制会议的节奏、营造氛围。比如，发言不能带有人身攻击。

♫ 集思广益。在陈述完事实以后，产品经理要组织参会人员一起讨论，发现问题并找到解决方案。

♫ 决定做什么。讨论完以后，产品经理要总结会议之后的行动项、负责人和完成时间，便于会议内容的追踪和落实。

♫ 总结和公告。会议结束的时候，产品经理要总结大家一致同意的重要结论。散会以后，产品经理要把会议内容整理成会议纪要，并发送给相关人员。

总结：收集并分析反馈信息

● 在这个活动中，产品经理需要做什么？

产品经理需要收集并分析用户的使用数据和反馈信息，得到产品创意，为下一次的 B 端产品管理流程做准备。

● 做活动之前要准备什么？

第一，已发布的产品。

第二，OGSM 表。

第三，北极星指标。

第四，数据跟踪计划。

● 有哪些工具或方法？

第一，用户研究方法。

第二，会议。产品经理召开产品回顾会，收集用户反馈信息并分析问题。

第三，统计学。最基础的数据分析方法是统计学的知识，因此产品经理学习数据分析要从统计学的知识入手。

- 在活动结束以后得到了什么？

第一，数据分析报告。产品经理根据已有数据分析现状、发现问题、找到解决方案。

第二，客户调研报告。

第三，产品创意，包括产品的优点及新的需求，这些会成为下一次 B 端产品管理流程的新起点。

- 产品经理还要关注什么？

产品经理在监控阶段所做的活动要贯穿整个产品管理流程，产品经理要实时地收集用户反馈的信息和数据，不断地进行优化。

第 9 章

总结：B 端产品管理框架

这不是结束，甚至这也并非结束的序幕已然到来，但或许，这是序幕已经结束。

——丘吉尔

B 端产品管理框架是对 B 端产品经理工作流程的总结，是将软件工程、用户体验和客户体验相结合而形成的框架，如表 9-1 所示。

表 9-1　B 端产品管理框架总结

活动	阶段	产品经理需要做什么	做活动之前要准备什么	工具和方法	活动结束以后得到了什么
调研市场	规划阶段	分析产品可能存在的机会和盈利点，获取行业经验和方向	1. 产品创意 2. 行业信息	1. 商业模式画布 2. SWOT 分析 3. 竞品分析	1. 竞品分析报告 2. 市场需求文档
调研客户	规划阶段	分析和研究产品的客户	1. 市场需求文档 2. 竞品分析报告 3. 产品创意	访谈、问卷调查、焦点小组等	客户调研报告
规划产品路线	规划阶段	思考产品的使命和愿景，规划产品发展的路线	1. 市场需求文档 2. 竞品分析报告 3. 产品创意 4. 客户调研报告	1. 会议 2. 头脑风暴	产品路线图
分析需求	规划阶段	使用图形化的工具，对业务方的需求进行抽象化和具象化并形成结构化的文档，以推进后续开发	1. 竞品分析报告 2. 市场需求文档 3. 客户调研报告 4. 产品路线图	1. 会议 2. UML	需求文档
管理需求	规划阶段	从需求建立到发布上线，产品经理都要对需求进行管理，包括需求优先级、重要性、排期等内容	1. 客户调研报告 2. 产品路线图 3. 需求文档	1. 项目管理 2. SWOT 分析、KANO 模型等分析工具	1. 需求池 2. 需求排期计划
设计产品架构	规划阶段	产品经理基于规划阶段的所有输出物，对产品的功能进行架构规划，用来指导后续的产品设计	1. 市场需求文档 2. 客户调研报告 3. 产品路线图 4. 需求文档	UML	产品架构图

单个产品管理流程总结					
活动	阶段	产品经理需要做什么	做活动之前要 准备什么	工具和方法	活动结束以后 得到了什么
设计信息架构	设计阶段	产品经理要基于规划阶段输出的需求文档来设计页面之间的层级结构，并确定产品原型设计的范围	1. 产品路线图 2. 需求文档 3. 需求排期计划 4. 产品架构图	1. UML 2. 信息架构知识	站点地图
设计产品原型	设计阶段	产品经理设计并输出产品原型的方案，整理成文档。产品经理以此方式将需求变成产品化的解决方案，便于后续的设计和研发	1. 站点地图 2. 需求文档	1. 交互设计知识 2. 排版知识 3. 原型软件技能	1. 产品原型 2. 产品需求文档
设计交互	设计阶段	产品经理要协助交互设计师在产品原型的基础上设计出交互设计方案	1. 站点地图 2. 产品原型 3. 产品需求文档	交互设计知识	产品交互设计方案
设计UI	设计阶段	产品经理要协助 UI 设计师，在产品原型和交互设计方案的基础上，设计出直接呈现给用户的产品界面图	1. 站点地图 2. 产品原型 3. 产品需求文档 4. 产品交互设计方案	UI 设计知识	产品 UI 设计方案
研发产品	研发、发布阶段	产品经理要根据产品需求文档、交互设计方案、UI设计方案及排期计划，协助研发、测试等工作	1. 站点地图 2. 产品需求文档 3. 产品原型 4. 产品交互设计方案 5. 产品 UI 设计方案 6. 需求排期计划	1. 项目管理 2. 技术知识	待上线的产品
发布产品	发布、研发阶段	产品经理要与市场、销售等团队共同协作，保证产品成功上线，并采用合适的形式向市场发布产品	1. 待上线的产品 2. 需求排期计划 3. 产品路线图	1. 项目管理 2. 演讲技能 3. 市场营销知识	已发布的产品

续表

活动	阶段	产品经理需要做什么	做活动之前要准备什么	工具和方法	活动结束以后得到了什么
制定数据指标及目标	监控阶段	产品经理要制定出监测产品状态的数据指标，持续对产品进行优化	1. 产品路线图 2. 竞品分析报告 3. 市场需求文档 4. 产品需求文档	1. 关键成功因素法 2. 会议 3. 北极星指标	1. OGSM 表 2. 北极星指标 3. 数据跟踪计划
收集并分析反馈信息	监控阶段	产品经理收集并分析用户的使用数据和反馈信息，得到产品创意，为下一次的B端产品管理流程做准备	1. 已发布的产品 2. OGSM 表 3. 北极星指标 4. 数据跟踪计划	1. 用户研究方法 2. 会议 3. 统计学	1. 数据分析报告 2. 客户调研报告 3. 产品创意

B端产品经理在使用B端产品管理框架时，可以根据不同形式的需求对流程进行"裁剪"，即选取有用的活动进行实践，如图 9-1 所示。比如，在对待日常的优化需求时，产品经理可以不采用完整的 B 端产品管理框架。

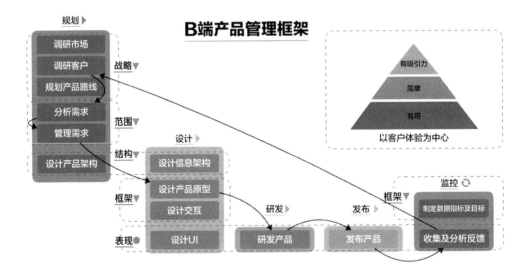

图 9-1　对 B 端管理框架进行"裁剪"

① 产品上线以后，产品经理为了优化产品，会收集一些客户的反馈。这个时候，产品经理就要开展客户调研的活动，问一问到底发生了什么。

② 完成客户调研以后，产品经理要基于收集到的客户反馈来分析需求。

③ 分析完需求以后，产品经理要安排需求的优先级。

④ 在安排好需求实现的节奏以后，产品经理要开始设计产品原型了。

⑤ 产品经理根据节奏，交付研发并发布产品。

⑥ 在产品上线以后，产品经理要收集、分析客户的反馈，进而评估产品是否达到了预期。然后，再回到第一步进行客户调研。就这样循环往复，成了一个环形。

总之，B 端产品管理框架有助于产品经理不断地提升自己的技能。

第 10 章

尾声：产品经理的自我管理

自我管理包括如何管理时间、如何进行沟通、如何管理健康等，如果产品经理能够更好地进行自我管理，就能打造出更适合自己生活和工作的系统，从而让自己的人生稳步向前。

正如苏轼在《留侯论》中所说的一样："古之所谓豪杰之士者，必有过人之节。人情有所不能忍者，匹夫见辱，拔剑而起，挺身而斗，此不足为勇也。天下有大勇者，卒然临之而不惊，无故加之而不怒。此其所挟持者甚大，而其志甚远也。"

10.1　产品经理的工作方法

产品经理在工作中需要掌握一些高效的工作方法。

1．帕金森定律

产品经理的工作涉及很多方面，工作内容也很多，因此产品经理必须正视管理学定律——帕金森定律。我们在做一件事情时，耗费的时间越长，就会感到越累。也就是说，如果产品经理对工作不进行管理，工作就会慢慢占据自己所有的时间，让自己疲惫不堪。

我们每周的工作时间大约是 40 小时，每天的工作时间大约是 8 小时。产品经理的工作非常烦琐，他们每天都是在忙碌中度过的，那么产品经理应该如何管理好自己的工作呢？

产品经理要以提高自己的工作产出为核心。《格鲁夫给经理人的第一课》中指出："活动"是我们日常真正在做的事，看起来有些烦琐；而"产出"则是我们的成就。与"活动"相比，"产出"当然就显得重要得多。

在单个产品管理流程中，我们知道了很多 B 端产品经理工作中的活动和产出。比如，在调研市场的活动中，产品经理可以得到竞品分析报告、商业需求文档等。活动与产品的范围不局限于此，对于产品经理来说，活动可能是阅读邮件、开需求评审会、与业务沟通需求等，产出是已解决了××功能的线上Bug、××功能已上线等。换一种思路，周报其实就是产品经理复盘思考自己工作中的活动和产出。当然，产品经理肯定都希望老板看到一份满是产出的周报。

既然产出如此重要，那么产品经理应该如何提高自己的产出呢？

2. 产出=活动×杠杆率

我们借助安迪·格鲁夫给出的公式——产出=活动×杠杆率，来解释提高产出的方法。杠杆率是安迪·格鲁夫借用物理学概念提出的思路，每项活动都有对应的杠杆率，投入的活动会根据杠杆率得到相应比例的产出，如图10-1所示。

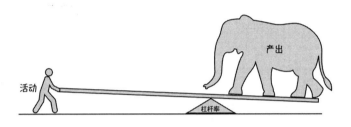

图 10-1　杠杆率

我们可以得出一个公式：

产品经理的工作产出=工作活动 A×杠杆率 A+工作活动 B×杠杆率 B+…… [①]

我们必须注意一点，杠杆率可能是正，也可能是负。也就是说，有的活动可能会有副作用，抵消其他工作的产出。比如，参加一个讨论会，如果会议组织过程混乱，最终还没有结论，会议时间越长，就越会侵占其他工作的时间，还会影响工作的心情。

那么，产品经理如何识别出哪些是具有高杠杆率的活动呢？

产品经理职业进阶的目标是工作内容可以直接影响组织战略，因此越符合组织、团队战略或目标的活动，越具有高杠杆率。

为了每周都有一个好的工作产出，产品经理必须要找到高杠杆率的活动。根据上述公式，产品经理的工作产出是各个活动与杠杆率乘积的总和，每个人的工作时间都是有限的，不能让某项工作占据自己所有的时间。因此，产品经理还要关注工作产出的速度。

---

① 在《格鲁夫给经理人的第一课》中，原公式为经理人的产出=组织产出的总和=杠杆率 A×管理活动 A+杠杆率 B×管理活动 B+……

3. 提高产出速度

提高产出就是提高产品经理在单位时间内的工作产出，或者提高产出速度，我们可以得出一个公式：

$$产出速度 = \frac{产品经理工作的产出}{时间} = \frac{活动 \times 杠杆率}{时间}$$

如果产品经理想提高产出速度，就要从增加活动、提高杠杆率及减少工作时间入手，可以参考以下方法。

> ♪　建立收件箱。产品经理每天都有大量的工作等着处理，不能总是被打断去处理临时插入的事情，建立收件箱可以有效地避免这种情况的发生。收件箱可以是便笺、即时贴、笔记本等。

如果产品经理把大量的事情都记在脑海里，那么既容易忘记，又会增加心理负担，影响正在做的事情。因此，把待办事项记录在收件箱可以让产品经理定期监视要做的事情。

有一个关键点需要产品经理记住：收件箱不是仓库，产品经理需要定期清理，否则收件箱中的待办事项就会被彻底遗忘。正如不经常打扫的角落会越来越脏，人们也会越来越不想去打扫这些地方一样。产品经理一定要对收件箱定期清理，思考哪些事情需要尽快做完、哪些事情可以以后再做、哪些事情可以删掉。电子邮箱中的收件箱也是一样的，不要用来存储邮件。邮件要放到别的文件夹或删除，否则重要的邮件就会被淹没在收件箱中。

> ♪　把场景相同的活动放在一起。什么是场景？我们可以将其理解为时间、地点、人物等因素。比如，给 A 同事提供数据和向 B 老板汇报工作，就是不同场景的活动。

产品经理在工作中切换场景是要花费时间的。比如，产品经理在写 A 需求的原型时，业务同事过来讨论 B 需求的上线情况，这就会打断产品经理的思路，等处理完 B 需求的问题，产品经理再写 A 需求的原型时，就需要花费时间回想刚才的思路。

因此，产品经理可以把收件箱中写文档或回邮件之类的事情集中在一起做，减少切换的时间。

> ♪　找到关键路径，关键路径是项目管理的一个概念。以煮鸡蛋和刷牙为

例。如果煮鸡蛋需要 5 分钟，那么我们可以在煮鸡蛋的过程中去盥洗室刷牙。我们可以将煮鸡蛋的活动简单地理解为关键路径，处在关键路径的活动是我们必须要关注的，它们是我们在工作中必须要做的事情，比如必须参加的会议。因此，为了提高效率，产品经理可以在做这些必须做的事情时，插入可以并行的事情。在实际工作中，产品经理可以提前了解会议议程，在非必要的环节处理其他事情。

♐ 制订每天的工作计划。产品经理要思考哪些是处在关键路径的活动、哪些是可以放在一起做的活动。工作就像工厂生产一样，要根据市场和销量预测每天的产能。在开始工作之前，产品经理要预想一天要做的工作，特别是重点工作。比如，A 需求的产品原型是老板很关注的项目，因此每天要保证 1~2 小时的投入，其他不重要的事情都要往后排。

同时，产品经理也不要把工作安排得太满。工作就像在道路上行驶的汽车一样，汽车之间有间隔才会行驶得畅通，如果排满汽车，那么这条道路就会拥堵，导致无法应对突发的情况。

♐ 合理拒绝别人。猴子天性好动，在时间管理中，它被比喻成承担了过多别人负责的工作，而让自己忙得焦头烂额。比如，产品经理经常被拉着去开各种讨论会，但自己负责的内容不是会议的重要议题，只是为了解答某个问题。

对于做不了或暂时没有精力做的事情，产品经理要坚决说"不"，不要碍于情面。产品经理要为所做事情的结果负责，如果在接收事情前，没有评估好是否能够保质完成，那么就会违背产品经理的职责。

因此，产品经理要对别人交给自己的事情进行评估并发现问题，越早发现问题，损失就会越小。对于那些自己没办法做的事情，要大胆说"不"。同时，产品经理还要向任务发起人提供其他的解决方案，来帮助其解决问题。

♐ 学会"番茄工作法"。每个人的精力都是有限的，超负荷的工作会使产出形成边际效益，随着时间的投入，产出递减。因此，产品经理要学会使用"番茄工作法"，每工作一段时间就休息一会儿，从而让自己能够持续产出。

总之，产品经理只有合理地管理自己每一天的投入，学习时间管理的相关知识，才能得到满意的产出。

10.2　产品经理的沟通技能

在《好好说话》一书中有一段话写得非常好：单学沟通，会变得像兔子一样柔弱；单学说服，会变得像狐狸一样腹黑；单学谈判，会变得像鳄鱼一样冷酷；单学演讲，会变得像孔雀一样显摆；单学辩论，会变得像刺猬一样难缠。

这段话犀利地诠释了说话和沟通的区别。在实际工作中，产品经理只学会沟通是远远不够的。在《好好说话》中，作者指出说话是由沟通、说服、谈判、演讲、辩论五个维度组成的，这五个维度跟产品经理的日常工作场景非常对应。

- ♫ 沟通——最常用的技能，产品经理要和很多角色进行沟通，了解和传递需求，并挖掘需求。
- ♫ 说服——产品经理是一个没有实际授权的角色，可以说是精神领袖，他要让交互、UI、技术的同事，按照自己设计的方案去执行。
- ♫ 谈判——涉及需求排序、要资源，这个时候产品经理仿佛成了"外交官"，要不停地斡旋，达成多方共赢的效果。
- ♫ 演讲——这是最能展现产品经理魅力的时刻，每个产品经理在展示自己的产品方案时，都应该是魅力四射的。
- ♫ 辩论——当遇到不合理的需求时，产品经理要不忘初心、主持公正，做正确的事情。

当然，不是要产品经理做到八面玲珑而是要做一个品德高尚的人。

只有这样，产品经理说话才有力量和底气。

总之，产品经理要从沟通、说服、谈判、演讲、辩论五个方面来培养自己的沟通技能。

以演讲为例，产品经理可以通过准备文案、提前练习、临场发挥、日常积累等方式培养自己的演讲技能。

♫ 文案 ①自己手写演讲稿，这样做无论是脱稿还是念稿产品经理都能掌握节奏。②演讲的时间应该控制在七分钟左右，因为人的注意力不会集中很长时间。如果演讲确实需要 10～20 分钟，那么尽量每 5 分钟左右就有一个小高潮，能吸引听众的注意力。③演讲内容要能吸引听众注意力，可以多加一些小例子，大家都喜欢听故事。④"接地气"，演讲稿尽量多一些生活化的语言，如果大家都属于同一个圈子，就多用一点圈子内的行话和玩笑。⑤反复修改稿子。

♫ 提前练习 ①准备一块表和一支笔。②练习地点可以是没人或不扰民的地方。③产品经理一定要完整地练习几遍。④用表计时，控制演讲时间。⑤练习时，可能会不断产生新的思路，产品经理要随时进行修改。⑥产品经理要通过改变语气、语调、重音，吸引观众。⑦减少思考的语气词，如"嗯""哦"，减少这些语气词会使演讲更流畅、效果更好。

♫ 临场发挥 ①有紧张感很正常，产品经理可以把演讲台当成自己的舞台，让自己放松心情。②站姿、仪表可以参考主持人，要表现得落落大方，可以配合一些手势。③眼神交流。产品经理在演讲时要通过观察听众的表情，来调整自己演讲的节奏、语气和内容。如果听众在窃窃私语，那么产品经理可以提高声调，引起他们注意。如果听众面无表情、毫无兴趣，那么产品经理最好赶快结束当前的内容，跳到有意思的部分。④不要怕说错，听众没看过演讲稿，因此产品经理根据内容顺接回原来准备的内容上即可。

♫ 日常积累 ①产品经理可以多看一些名人的演讲，学习他们演讲时的语气、表情、动作。②练习朗诵。即使内容再空洞的演讲，只要有一定的朗诵技巧，也不会过于乏味。产品经理可以多听听名家的朗诵或有声小说，找一找断句、重音、长音的感觉。③产品经理可以在日常生活中多写点儿东西。写的东西多了，自然就会对演讲内容的结构有一定的把握。④多当众发言。

这些方法都是说话的"术"，还有一些说话的"道"，能够指导产品经理应用这些方法，比如我们在前面的内容中提到的 Johari 窗格的沟通理论，它将沟通分为四个区域，即开放区、盲目区、隐秘区、未知区。在日常工作中，产品经理应该通过扩大开放区，来获得更多的公开信息，提升交流的效率和效果。

接下来，我们再来看一个"ABC"理论，即假设（Assumption）影响行为（Behavior），行为最终影响结果（Consequence），如图 10-2 所示。如果产品经理认为同事甲是一个不讲道理的人，那么产品经理在和他交流时就会产生抵触的行为，最终也不会有很好的效果。因此，产品经理在和其他人交流时要以结果为导向，抛开偏见，以开放的态度与每个人沟通。

图 10-2　沟通的"ABC"理论

总之，产品经理一定要不断地提升自己的沟通技能。

10.3　牵绊产品经理成长的六条"绳索"

查理·芒格提倡反向思考的思维模式。产品经理也可以利用这种思维模式不断地提升自己的技能，我们可以思考一下有哪些牵绊产品经理成长的"绳索"。

- ♫ 第一条绳索：过程很美。产品经理要以结果为导向，为最终的产品成功而负责。如果在工作中，产品经理看似参加了很多会议并输出了很多原型，但不注重会议是否能够解决根本问题，只是关注"参与过"或"做过"，那么就会被第一条"绳索"绊住。因此，产品经理要明确目标，以结果为导向来工作。

- ♫ 第二条绳索：胡言乱语。有一个笑话，设计师问产品经理要什么样的方案，产品经理说出几个字"高端、大气、上档次"。实际上，这考验的是产品经理的说话技能。如果没有明确的沟通目的，就是在浪费双方的时间。

- ♫ 第三条绳索：不推不动。如果产品经理做完别人交代的事情，就停止了思考，那么就会被"不推不动"的"绳索"绊住。一个优秀的产品经理的工作是永远干不完的，因为大家都很信任他，都愿意和他合作。在《高效能人士的七个习惯》中，作者史蒂芬·柯维把"积极主动"作为非常重要的习惯。产品经理只有积极主动地做事情，才能不断地探索新的机会和可能。从职业规划的角度来看，每个人的职业生涯都是一个个的点，把这些点串联起来，就是一条职业曲线。如果产品经理没有积极主动的态度，不是真正热爱这个职业，就不会获得职业生涯的点，最终也无法形成向上的职业曲线。

- ♪ 第四条绳索：不用学习。进入职场以后，产品经理容易在舒适区做自己喜欢的事情，比如玩游戏、晚睡晚起。学习是一件伴随终身的事情，产品经理不能沉浸在这种舒适的假象中，要时常读书、查看互联网新闻、参加行业沙龙来开阔眼界，搭建自己的知识体系，以免被"不用学习"的"绳索"绊住。

对于每一门学科、每一种知识而言，支撑它们成为一个知识体系的只是其中 20%的知识内容。产品经理可以学习这 20%的核心内容来搭建知识体系，然后在此基础上，根据自己的兴趣和需要学习剩下 80%的知识。学习是亘古不变的主题，互联网技术为我们创新出多种学习形式，快速学习 20%的核心知识变得越来越容易。

- ♪ 第五条绳索：焦头烂额。如果产品经理每天忙得焦头烂额，做事情找不到重点，就说明产品经理没有以目标为导向来分清事情的优先级，同时也说明产品经理没有学会管理时间，让自己的精力被浪费。时间是我们能支配的最宝贵的资源，产品经理应该学会利用时间。

- ♪ 第六条绳索：求大求全。产品经理做事情时，肯定不能够面面俱到。就像做产品一样，一个产品如果满足了所有人的需要，那么终将成为一个平庸的产品。其实，造成"求大求全"的很重要的原因是，产品经理在做产品的时候目标不明确或遗忘了之前的目标。产品经理要时刻谨记"不忘初心"。

我们的人生正因为有无限的可能，才会绚丽多彩。产品经理是一个有压力、有难度的角色，也是一个有无限可能的角色，希望大家都能够不断地成长，最终实现自己的人生目标。

后记

产品经理：为创造价值而生

在这个世界上，人人都需要扮演一个能创造价值的角色，借以证明自己的重要性和影响力。

——乔·萨特（波音 747 总设计师）

在本书的结尾，我想先讲一个关于产品经理的且让我受益匪浅的故事，它让我感受到一件产品改变世界是怎样的激动人心。故事的主人公是 20 世纪伟大的飞机设计师——乔·萨特，故事围绕乔·萨特和他带领的团队设计出的改变世界的产品——波音 747 展开，如图 11-1 所示。

图 11-1　波音 747

为什么波音 747 是一件伟大的产品？

1969 年 2 月 9 日，波音 747 成功进行了首飞，并且成为当时第一款大型的民用喷气式客机。作为美国"空军一号"的机型，它随着美国总统的出访成为美国的象征，特别是它独特的鹅包机头的造型深入人心。

波音 747 的创造者——乔·萨特是一名非常有经验且干练的飞机设计师，在接手波音 747 项目之前，他参与了波音 737 的设计，积累了大量的经验，他懂得设计飞机必须要认真地理解用户需求。飞机的设计与制造是投入上亿美元的巨大工程，出现任何偏差都会带来惨重的损失。

1965 年，波音公司根据乔·萨特在飞机设计上的优秀经验和领导能力，授权他成立波音 747 的项目组进行研发设计。设计波音 747 的原因是当时的泛美航空与波音公司签下订单，他们要采购一批能够搭载更多乘客进行跨洋长途旅行的大型喷气式飞机。

　　乔·萨特依据在波音737项目中积攒的经验，首先要调研清楚泛美航空到底需要什么，以及这架飞机是否存在市场，即是否能够得到其他航空公司的认可。他带领团队采用问卷调查的方式进行市场调研，最终验证了客户需求的设想。市场上的航空公司需要一款大型的有350座的飞机，于是产品的战略方向和目标就确定了。

　　接下来，乔·萨特需要带领团队设计飞机的架构布局方案，这就相当于产品经理设计产品原型，便于和客户讨论。当时的客机由一个过道和100个左右的座位组成，并且当时已经是双层客机的结构了。既然要在飞机上多加座位，那么就要设计成双层客机。客户和乔·萨特的项目组就按这个思路设计飞机的架构布局方案。结果，进展并不顺利，因为很多设计思路不能满足航空安全的硬性规定，必须要不断地、反复地讨论。

　　同时，乔·萨特还面临着747项目资源不足和不被重视的问题，因为当时的航空业把超音速客机作为未来市场的增长点，波音公司把资金和资源都投到了超音速客机的研发，而只是把747项目作为过渡型项目看待。项目组的成员感到非常失落，虽然处境被动，整个747项目时刻面临着挑战，但是乔·萨特坚信他们会创造出伟大的产品。他一边鼓舞和领导着团队做项目，一边千方百计地向公司争取资源，他也相信问题总会在某一刻得到解决。

　　在进展并不顺利的情况下，乔·萨特带领团队退后一步重新思考需求，他们发现设计单层客机是一个不错的选择。这样，机场内部会变得更加宽敞，而且机头创造性的采用鹅包造型，方便装卸货物，提高客机的货运能力，从而增加飞行的经济效益。

　　乔·萨特输出了全新的单层客机设计方案，可是他又面临着新的挑战：一个是说服想要双层客机的泛美航空接受这个方案，另一个是他们要在28个月的时间内完成这个庞大的项目。

　　波音公司派出一名设计师到泛美航空宣讲方案，设计师出发前带上了一段6米长的绳子。在宣讲过程中，整个泛美高层都不太高兴。这时，设计师亮出了撒手锏，他表示客机会非常宽敞，并用绳子在会议室量出客舱的空间，正好是会议室的大小。所有人都震惊了，因为这个空间是当时所有运营客机空间的2倍，就这样客户被说服了。

　　波音747项目进入实际的设计研发阶段，无数的挑战等待着乔·萨特团队。波音公司重点研制的超音速客机项目面临着失败，公司的财务陷入紧张状态，要求裁员。这样的决定对于本来资源和人员就紧张的项目组来说更是雪上加霜。乔·萨特顶住压力，不仅没有给出裁员方案，还提交了一个增加资源和人员的方案。波音公司也意识到一旦 747 项目成功，就会把波音公司拉出"泥潭"。

同时，也有一些来自外部的挑战。波音 747 采用的是普惠公司的发动机，发动机在飞行时会出现"喘振"，影响飞行安全，可是普惠公司的高层坚持认为发动机没有问题。于是，项目组以邀请体验 747 为名，让普惠高层坐上飞机。在飞行过程中，设计师让飞行员驾驶飞机出现"喘振"。顿时，飞机上的普惠高层吓得脸都"绿"了，以为飞机马上就要坠毁了。下了飞机，他们立刻答应马上解决问题。可以看出，产品经理推进项目要讲究技巧。

波音 747 的很多方案设计都独居匠心。比如，客舱内壁被设计成垂直面，让乘客有进入房间的感觉。在飞机部件外包制造的供应链管理上，波音 747 项目也为波音公司积累了经验。比如，他们发现飞机舱门被制造商分配给不同的二级制造商生产，导致机舱门有不同的种类，增加了乘务员的培训和使用成本。于是，项目组对这个问题进行了修正。

就这样，在乔·萨特的领导下，这个在公司内部不被看好的项目最终成为一个"不可思议"的项目。波音 747 终于在 1969 年完成了首飞，它改变了人类航空出行的历史，成为未了的传奇①。

波音 747 的故事让我深受启发，一个人活着就要创造价值，而产品经理就是那个可以创造价值的角色之一，这也是产品经理令我着迷的地方。

在写书的过程中，我查阅了大量与产品经理相关的资料和书籍，这让我对产品经理有了全新的认识。要想成为一名优秀的产品经理，就要慢慢探索、不断精进。希望本书能够为我国产品经理的职业发展做出一点贡献。

最后，如果您有建议，那么欢迎通过邮箱 wideplum@163.com 或微信公众号——李宽 wideplum，与我交流。

---

① 乔·萨特:《未了的传奇——波音 747 的故事》，航空工业出版社 2008 年版。

再版后记

敢于"务虚"是产品经理进阶的前提

我向出版社交稿时，正好是 2020 年 3 月份。各大互联网公司基本上都在家办公，大家从面对面沟通，变成了远程语音和视频沟通。同时，找工作的方式从实地面试变为电话和视频面试。

在 2020 年这个特殊的春天，每个互联网人，包括产品经理都经历了各种各样的考验。然而，从就业的角度来看，产品经理依然是一个热门的职业。目前，产品经理已经从之前的"低门槛、全能做"向"专业化"方向发展了。

如今，产品经理的前面增加了一些定语，如数据产品经理、人工智能产品经理、B 端产品经理等，他们都有自己独特的技能要求。随着产品经理技能和方向的不断细化，每个产品人都有自己的职业焦虑。其实，我认为敢于"务虚"是产品经理进阶的前提。

2019 年，"中台"这个词非常火爆，每个企业都在搭建各种类型的"中台"，如业务中台、数据中台等。其实，关于"中台"，很多人把它做"实"了。在阿里，可能没有一个看得见、摸得着的中台系统，"中台"可能就是一种文化、理念。于是，我思考："务虚"对于产品经理也许是一件很重要的事情。

务虚对应的是务实。顾名思义，务实是脚踏实地地做出看得见和摸得着的东西。而务虚往往含有贬义，仿佛是思考一些看不见和摸不着的东西，会有一种不实在的感觉。其实，务实和务虚对于产品经理都不陌生。

比如，产品经理的务实是输出产品原型、输出产品文档、跟进项目上线、调研用户等。而产品经理的务虚工作可能是思考产品的价值、思考产品市场定位、思考产品的商业模式等。

从输出物的角度来看，务实的输出物比务虚的输出物更有价值。

务虚的输出物往往是人人都可以评论的、显而易见的大道理。比如，微信的整体产品机遇、面对的风险和挑战，任何的微信用户都可以对此评论一番。

对于显而易见的大道理的领悟，往往体现了产品经理之间的差距。比如，《产品思维：从新手到资深产品人》这本书中提到了一个话题——"如何认知用户生命周期"。文中提到一个用户在使用产品时，会经历不同的阶段，大致为分为潜在用户、新用户、次新用户、老用户、衰退用户、流失用户。针对不同阶段的用户，书中提供了很多思考方式。其实，这也是和生命周期总价值的概念相契合的，即公司从用户的互动中得到的全部经济收益的总和。

其实，我们再进一步地思考，其背后的观念是事物总是处在运动、变化、发展中的。一个用户不可能永远是静止不变的，因此我们要用运动、变化、发展的眼光来看待他们，这就需要我们把用户分同阶段来思考。

务虚是得到，务实是做到；务虚是认知，务实是实践；务虚是方向，务实是脚步。产品经理只有将充分的务虚与踏实的务实结合起来，才能不断地提升自己的能力。务虚的方法包括不断地思考和看书。

有这样一句话：推迟获得满足感和快乐。我们更喜欢做立刻能够获得满足感的事情，比如玩游戏比读书更容易给人带来快乐。然而，读书获得的收益比玩游戏获得的收益要大。同理，务虚不能直接解决实际问题，它只是提供了方向。因此，务虚是一件不能立刻获得满足感的事情，可是如果沿着务虚的方向去思考，花费一些精力，最终会得到务实的结果，享受一份务实带来的满足感。

读书是需要思考的，读务虚的书更是需要思考的。如果你思考了，那么高阶产品经理的职位正在向你招手。

最后，如果各位读者有任何的建议，那么都可以通过邮箱 wideplum@163.com 及微信公众号——李宽 wideplum，与我交流。

感谢您的阅读!

干 B 端，找李宽!

词汇表

此文专门罗列了书中所提到的专业词汇，并且将词汇的中文、英文列举出来，以方便读者通过英文查询到更多资料。产品经理要想提升技能不仅要阅读中文资料，还需要查询英文资料。

- 第1章涉及的专业词汇

  ♫ 客户关系管理（Customer Relationship Management）

  ♫ 呼叫中心和客户支持（Call Center and Customer Support）

  ♫ 企业资源规划（Enterprise Resource Planning）

  ♫ 商业智能（Business Intelligence）

  ♫ 人力资源管理（Human Resource Management）

  ♫ 应用服务提供商（Application Service Provider，ASP）

  ♫ SaaS 模式（Software-as-a-Service，软件即服务）

  ♫ 多租户形式（Multi-tenant Architecture）

  ♫ IT 治理（IT Governance）

  ♫ 消费者（Consumer）

  ♫ 供应商关系管理（Supplier Relationship Management，SRM）

  ♫ 用户（User）

  ♫ 用户体验（User Experience）

  ♫ 开源产品（Open Source Software）

  ♫ 软件许可证（License）

  ♫ 流失率（Churn Rate）

  ♫ 客户获取成本（Customer Acquisition Cost）

  ♫ 生命周期价值（Life Time Value，LTV）

  ♫ 软件（Software）

  ♫ 市场经理（Marketing Manager）

  ♫ 销售开发代表（Sales Development Representatives）

  ♫ 销售代表（Sales Representatives）

  ♫ 客户经理（Account Manager）

♫ 客户成功经理（Customer Success Manager）

♫ 客户服务经理（Customer Service Manager）

♫ 售前工程师（Pre-sales Engineer）

♫ 需求分析师（Business Analyst）

♫ 统一建模语言（Unified Modeling Language，UML）

♫ 市场运营（Marketing Operations）

♫ 销售运营（Sales Operations）

♫ 产品运营（Product Operations）

♫ 后端（Back End）

♫ 前端（Front End）

♫ 后台（Background）

♫ 前台（Foreground）

♫ 中台（Middleground）

♫ 麦肯锡（McKinsey）

- 第 2 章涉及的专业词汇

  ♫ 产品专员/产品助理（Associate Product Manager）

  ♫ 产品经理（Product Manager）

  ♫ 高级产品经理（Senior Product Manager）

  ♫ 产品总监（Director of Product）

  ♫ 产品副总裁（Vice President of Product）

  ♫ 产品负责人（Product Owner）

  ♫ 布鲁姆分类（Bloom's Taxonomy）

  ♫ 架构师（Architect）

  ♫ 技术架构师（Technical Architect）

  ♫ 解决方案架构师（Solution Architect）

  ♫ 软件架构师（Software Architect）

  ♫ 企业架构师（Enterprise Architect）

♫ 面向对象（Object Oriented）

- 第 **3** 章涉及的专业词汇

  ♫ 产品生命周期（Product Lifecycle）

  ♫ 产品生命周期的四个阶段：引入阶段（Introduction）、成长阶段（Growth）、成熟阶段（Maturity）、衰退阶段（Decline）

  ♫ 产品管理（Product Management）

  ♫ 客户生命周期（Customer Lifecycle）

  ♫ 客户体验（Customer Experience）

  ♫ 客户体验的三个要素：需求满足（Meets needs）、易用（Easy）、愉悦（Enjoyable）

  ♫ 同理心（Empathy）

  ♫ 客户旅程地图（Customer Journey Map）

- 第 **4** 章涉及的专业词汇

  ♫ KISS（Keep It Simple，Stupid）原则

- 第 **5** 章涉及的专业词汇

  ♫ 市场需求文档（Market Requirements Documents，MRD）

  ♫ 利益相关者（Stakeholder）

  ♫ 产品路线图（Product Roadmap）

  ♫ 愿景（Vision）

  ♫ 使命（Mission）

  ♫ 战略（Strategy）

  ♫ 产品蓝图（Product Blueprint）

  ♫ 特性（Feature）

  ♫ 功能（Function）

  ♫ 客户成功（Customer Success）

  ♫ 北极星指标（North Star Metric）

  ♫ 敏捷（Agile）

  ♫ 统一建模语言（Unified Modeling Language，UML）

- ♪ 实体关系图（Entity Relationship Diagram，ERD）
- ♪ 业务数据图（Business Data Diagram）
- ♪ 数据的处理分为创建（Create）、查询（Retrieve）、更新（Update）和删除（Delete），简称 CRUD

- 第 6 章涉及的专业词汇
  - ♪ 信息架构（Information Architecture）
  - ♪ 站点地图（Site Map）
  - ♪ RBAC 模型（Role-Based Access Control）
  - ♪ 尼尔森十大可用性原则（Nielsen's Heuristics for Usability）
  - ♪ 设计系统（Design System）

- 第 7 章涉及的专业词汇
  - ♪ 项目管理知识体系（Project Management Body of Knowledge，PMBOK）
  - ♪ 工作分解结构（Work Breakdown Structure，WBS）
  - ♪ PDCA 循环：计划（Plan）、执行（Do）、检查（Check）、处理（Action）
  - ♪ 架构风格（Architectural Style）
  - ♪ 架构模式（Architectural Pattern）
  - ♪ 设计模式（Design Pattern）
  - ♪ 软件框架（Software Framework）

- 第 8 章涉及的专业词汇
  - ♪ 关键成功因素法（Critical Success Factors）
  - ♪ 月度经常性收入（Monthly Recurring Revenue，MRR）
  - ♪ 转化率（Conversion rate）
  - ♪ 客户留存率（Customer Retention）
  - ♪ 客户流失（Churn）
  - ♪ 净推荐值（Net Promoter Score，NPS）
  - ♪ 投资回报率（Return on Investmen，ROI）
  - ♪ 结构化查询语言（Structured Query Language，SQL）

【读者服务】

扫码回复：（39429）

- 获取博文视点学院在线课程、电子书 20 元代金券
- 获取免费增值资源
- 获取精选书单推荐
- 加入读者交流群，与其他读者互动